Ramón del Valle-Inclán

Romance de Lobos

Barcelona **2024**
Linkgua-ediciones.com

Créditos

Título original: Romance de Lobos.

© 2024, Red ediciones S.L.

e-mail: info@Linkgua-ediciones.com

Diseño de cubierta: Michel Mallard

ISBN tapa dura: 978-84-1126-154-8.
ISBN rústica: 978-84-9953-446-6.
ISBN ebook: 978-84-9953-445-9.

Sumario

Créditos _____ **4**

Brevísima presentación _____ **7**
    La vida _____ 7

Dramatis personae _____ **8**

Jornada primera _____ **9**
    Escena primera _____ 9
    Escena segunda _____ 12
    Escena tercera_____ 17
    Escena cuarta _____ 21
    Escena quinta _____ 24
    Escena sexta _____ 29

Jornada segunda _____ **38**
    Escena primera _____ 38
    Escena segunda _____ 44
    Escena tercera_____ 48
    Escena cuarta _____ 62
    Escena quinta _____ 70
    Escena sexta _____ 72

Jornada tercera _____ **78**
    Escena primera _____ 78
    Escena segunda _____ 83
    Escena tercera_____ 91
    Escena cuarta _____ 97
    Escena quinta _____ 105
    Escena final _____ 111

Libros a la carta _____ **115**

Brevísima presentación

La vida

Ramón María del Valle-Inclán (1866-1936). España.

Formó parte del Modernismo y estuvo cercano a la Generación del 98. Era hijo del escritor liberal Ramón del Valle-Inclán Bermúdez de Castro. Estudió en el Instituto de Pontevedra hasta 1885, y después estudió Derecho en la Universidad de Santiago de Compostela y en 1888 se matriculó en la Escuela de Artes y Oficios.

En 1890, tras la muerte de su padre, abandonó la universidad, se fue a Madrid y colaboró en periódicos como *El Globo*.

En 1892, Valle-Inclán viajó a México. Allí escribió en los diarios *El Veracruzano Libre*, y *El Universal*. De regreso a España en 1893, vivió en Pontevedra.

Hacia 1896 volvió a Madrid y acudió a varias tertulias, en las que conoció a Gómez Carrillo, Pío y Ricardo Baroja, Azorín, Benavente, González Blanco, Villaespesa, Mariano Miguel de Val etc.

Sus *Sonatas* se publicaron a partir de 1902 (*Sonata de otoño*), 1903 (*Sonata de estío*), 1904 (*Sonata de primavera*) y 1905 (*Sonata de invierno*). Y en 1905 publicó una colección de cuentos con el título de *Jardín novelesco; Historias de almas en pena, de duendes y de ladrones*.

Desde 1924 Valle-Inclán se opuso a la dictadura de Primo de Rivera y en 1927 participó en la fundación de la Alianza Republicana.

En 1932, el gobierno de la República le nombró conservador del Patrimonio Artístico Nacional y director del Museo de Aranjuez.

En marzo de 1935 Valle-Inclán se marchó a Santiago de Compostela donde murió de cáncer el 5 de enero de 1936.

Dramatis personae

El caballero don Juan Manuel Montenegro.

Sus hijos: Don Pedrito, Don Rosendo, Don Mauro, Don Gonzalito y Don Farruquiño.

Sus criados: Don galán, La roja, El zagal de las vacas, Andreíña, La Rebola y La Recogida.

Don Manuelito su capellán, Abelardo patrón de la barca, los marineros y el rapaz, Doña Moncha y Benita la costurera, familiares de la casa.

La hueste de mendigos donde van El pobre de san lázaro, Dominga de Gómez, El manco leonés, El manco de Gondar, Paula la reina que da el pecho a un niño, Andreíña la sorda y el morcego con su coima.

Artemisa la del casal, bastarda del caballero, con un hijo pequeño a quien llaman Floriano.

El ciego de Gondar con su lazarillo Fuso Negro, loco.

Una tropa de siete chalanes: son Manuel Tovío, Manuel Fonseca, Pedro Abuín, Sebastián de Xogas y Ramiro de Bealo con sus dos hijos.

Doña Isabelita, que fue barragana del caballero. Una viuda con sus cuatro huérfanos.

La santa compaña de las ánimas en pena.

Jornada primera

Escena primera

Un camino. A lo lejos, el verde y oloroso cementerio de una aldea. Es de noche, y la Luna naciente brilla entre los cipreses. Don Juan Manuel Montenegro, que vuelve borracho de la feria, cruza por el camino, jinete en un potro que se muestra inquieto y no acostumbrado a la silla. El hidalgo, que se tambalea de borrén a borrén, le gobierna sin cordura, y tan pronto le castiga con la espuela como le recoge las riendas. Cuando el caballo se encabrita, luce una gran destreza y reniega como un condenado.

El caballero	¡Maldecido animal!... ¡Tiene todos los demonios en el cuerpo!... ¡Un rayo me parta y me confunda!
Una voz	¡No maldigas, pecador!
Otra voz	¡Tu alma es negra como un tizón del Infierno, pecador!
Otra voz	¡Piensa en la hora de la muerte, pecador!
Otra voz	¡Siete diablos hierven aceite en una gran caldera para achicharrar tu cuerpo mortal, pecador!
El caballero	¿Quién me habla? ¿Sois voces del otro mundo? ¿Sois almas en pena, o sois hijos de puta?

Retiembla un gran trueno en el aire, y el potro se encabrita, con amenaza de desarzonar al jinete. Entre los maizales brillan las luces de la Santa Compaña. El Caballero siente erizarse los cabellos en su frente y disipados los vapores del mosto. Se oyen gemidos de agonía y herrumbroso son de cadenas que arrastran en la noche oscura, las ánimas en pena que vienen al mundo para cumplir penitencia. La blanca procesión pasa como una niebla sobre los maizales.

Una voz	¡Sigue con nosotros, pecador!

Otra voz	¡Toma un cirio encendido, pecador!
Otra voz	¡Alumbra el camino del camposanto, pecador!

El Caballero siente el escalofrío de la muerte, viendo en su mano oscilar la llama de un cirio. La procesión de las ánimas le rodea, y un aire frío, aliento de sepultura, le arrastra en el giro de los blancos fantasmas que marchan al son de cadenas, salmodian en latín.

Una voz	¡Reza con los muertos por los que van a morir! ¡Reza, pecador!
Otra voz	¡Sigue con las ánimas hasta que cante el gallo negro!
Otra voz	¡Eres nuestro hermano, y todos somos hijos de Satanás! ¡Reza, pecador!
Otra voz	¡El pecado es sangre, y hace hermanos a los hombres como la sangre de los padres!
Otra voz	¡A todos nos dio la leche de sus tetas peludas, la Madre Diablesa!
Muchas voces	... ¡La madre coja, coja y bisoja que rompe los pucheros! ¡La madre morueca, que hila en su rueca los cordones de los frailes putañeros, y la cuerda del ajusticiado que nació de un bandullo embrujado! ¡La madre bisoja, bisoja corneja, que se espioja con los dientes de una vieja! ¡La madre tiñosa, tiñosa raposa, que se mea en la hoguera y guarda el cuerno del carnero en la faltriquera, y del cuerno hizo un alfiletero! ¡Madre bruja, que con la aguja que lleva en el cuerno, cose los virgos en el Infierno y los calzones de los maridos cabrones!

El Caballero siente que una ráfaga le arrebata de la silla, y ve desaparecer a su caballo en una carrera infernal. Mira temblar la luz del cirio sobre su puño cerrado, y advierte con espanto que solo oprime un hueso de muerto. Cierra los ojos, y la tierra le falta bajo el pie y se siente llevado por los aires. Cuando de nuevo se atreve a mirar, la procesión se detiene a la orilla de un río donde las brujas departen sentadas en rueda. Por la otra orilla va un entierro. Canta un gallo.

Las brujas	¡Cantó el gallo blanco, pico al canto!

Los fantasmas han desaparecido en una niebla, las brujas comienzan a levantar un puente y parecen murciélagos revoloteando sobre el río, ancho como un mar. En la orilla opuesta está detenido el entierro. Canta otro gallo.

Las brujas	¡Canta el gallo pinto, ande el pico!

Al través de una humareda espesa los arcos del puente comienzan a surgir en la noche. Las aguas, negras y siniestras, espuman bajo ellos con el hervor de las calderas del Infierno. Ya solo falta colocar una piedra, y las brujas se apresuran, porque se acerca el día. Inmóvil, en la orilla opuesta, el entierro espera el puente para pasar. Canta otro gallo.

Las brujas	¡Canta el gallo negro, pico quedo!

El corro de las brujas deja caer en el fondo de la corriente, la piedra que todas en un remolino llevaban por el aire, y huyen convertidas en murciélagos. El entierro se vuelve hacia la aldea y desaparece en una niebla. El Caballero, como si despertase de un sueño, se halla tendido en medio de la vereda. La Luna ha trasmontado los cipreses del cementerio y los nimba de oro. El caballo pace la yerba lozana y olorosa que crece en el rocío de la tapia. El Caballero vuelve a montar y emprende el camino de su casa.

Escena segunda

Don Juan Manuel Montenegro, llama con grandes voces ante el portón de su casa. Ladran los perros atados en el huerto, bajo la parra. Una ventana se abre en lo alto de la torre, sobre la cabeza del hidalgo, y asoma la figura grotesca de una vieja en camisa, con un candil en la mano.

El caballero   Apaga esa luz...

La roja   Agora bajo a franquealle la puerta.

El caballero   Apaga esa luz.

El Caballero se ha cubierto los ojos con la mano, y de esta suerte espera a que la vieja se retire de la ventana. El caballo piafa ante el portón, y Don Juan Manuel no descabalga hasta que siente rechinar el cerrojo. La vieja criada aparece con el candil.

El caballero   ¡Sopla esa luz, grandísima bruja!

La roja   ¡Ave María! ¡Qué fieros! ¡Ni que le hubiera salido un lobo al camino!

El caballero   ¡He visto La Hueste!

La roja   ¡Brujas fuera! ¡Arreniégote, Demonio!

Sopla la vieja el candil y se santigua medrosa. Cierra el portón y corre a tientas por juntarse con su amo, que ya comienza a subir la escalera.

El caballero   Después de haber visto las luces de la muerte, no quiero ver otras luces, si debo ser de Ella...

12

La roja	Hace como cristiano.
El caballero	Y si he de vivir, quiero estar ciego hasta que nazca la luz del Sol.
La roja	¡Amén!
El caballero	Mi corazón me anuncia algo, y no sé lo que me anuncia... Siento que un murciélago revolotea sobre mi cabeza, y el eco de mis pasos, en esta escalera oscura, me infunde miedo, Roja.
La roja	¡Arreniégote, Demonio! ¡Arreniégote, Demonio!

Al oír un largo relincho acompañado de golpes en el portón, Don Juan Manuel se detiene en lo alto de la escalera.

El caballero	¿Has oído, Roja?
La roja	Sí, mi amo.
El caballero	¿Qué rayos será?
La roja	No jure, mi amo.
El caballero	¡El Demonio me lleve!... ¡Se ha quedado la bestia fuera!
La roja	¡La bestia del trasgo!...
El caballero	¡La bestia que yo montaba! Despierta a Don Galán para que la meta en la cuadra.

La roja	Denantes llamándole estuve porque bajare a abrir, y no hubo modo de despertarlo. ¡Con perdón de mi amo, hasta le di con el zueco!

El Caballero se sienta en un sillón de la antesala, y la vieja se acurruca en el quicio de la puerta. Se oye de tiempo en tiempo el largo relincho y golpear del casco en el portón.

El caballero	Prueba otra vez a despertarle.
La roja	Tiene el sueño de una piedra.
El caballero	Vuelve a darle con el zueco.
La roja	Ni que le dé en la croca.
El caballero	Pues le arrimas el candil a las pajas del jergón.
La roja	¡Ave María!

Sale la vieja andando a tientas. Canta un gallo, el hidalgo, hundido en su sillón de la antesala, espera con la mano sobre los ojos. De pronto se estremece. Ha creído oír un grito, uno de esos gritos de la noche, inarticulados y por demás medrosos. En actitud de incorporarse, escucha. El viento se retuerce en el hueco de las ventanas, la lluvia azota los cristales, las puertas cerradas tiemblan en sus goznes. ¡Tac-toc!... ¡Toc-toc!... Aquellas puertas de vieja tracería y floreado cerrojo, sienten en la oscuridad manos invisibles que las empujan. ¡Toc-toc!... ¡Toc-toc!... De pronto pasa una ráfaga de silencio y la casa es como un sepulcro. Después, pisadas y rosmar de voces en el corredor: Llegan rifando la vieja criada y Don Galán.

La roja	Ya dejamos al caballo en su cuadra. ¡Qué noche Madre Santísima!

Don Galán	Truena y lostrega que pone miedo.
La roja	¡Y no poder encender un anaco de cirio bendito!...
Don Galán	¿No lo tienes?
La roja	Sí que lo tengo, mas no puede ser encendido en esta noche tan fiera. Tengo dos medias velas que alumbraron en el velorio de mi curmana la Celana.
El caballero	¿Habéis oído?
La roja	¿Qué, mi amo?
El caballero	Una voz...
Don Galán	Son las risadas del trasgo del viento...

Suenan en la puerta grandes aldabonazos que despiertan un eco en la oscuridad de la casona. El Caballero se pone en pie.

El caballero	Dame la escopeta, Don Galán. ¡Voy a dejar cojo al trasgo!
Don Galán	Oiga su risada.
La roja	Lo verá que se hace humo o que se hace aire...

Abre la ventana Don Juan Manuel, y el viento entra en la estancia con un aleteo tempestuoso que todo lo toca y lo estremece. Los relámpagos alumbran la pina desierta, los cipreses que cabecean desesperados, y la figura de un marinero con sudeste y traje de aguas, que alza el aldabón de la puerta. La lluvia moja el rostro de Don Juan Manuel Montenegro.

El caballero	¿Quién es?
El marinero	Un marinero de la barca de Abelardo.
El caballero	¿Ocurre algo?
El marinero	Una carta del señor capellán. Cayó muy enferma Dama María.
El caballero	¡Ha muerto!... ¡Ha muerto!... ¡Pobre rusa!

Retírase de la ventana, que el viento bate locamente con un fracaso de cristales, y entenebrecido recorre la antesala de uno a otro testero. La vieja y el bufón, hablando quedo y suspirantes, bajan a franquear la puerta al marinero. En la antesala el viento se retuerce ululante y soturno. Las vidrieras, tan pronto se cierran estrelladas sobre el alféizar, como se abren de golpe, trágicas y violentas. El marinero llega acompañado de los criados y se detiene en la puerta, sin aventurarse a dar un paso por la estancia oscura. Don Juan Manuel le interroga, y de tiempo en tiempo un relámpago les alumbra y se ven las caras lívidas.

El caballero	¿Traes una carta?
El marinero	Sí, señor.
El caballero	Ahora no puedo leerla... Dime tú qué desgracia es esa... ¿Ha muerto?
El marinero	No, señor.
El caballero	¿Hace muchos días que está enferma?
El marinero	Lo de agora fue un repente... Mas dicen que todo este tiempo ya venía muy acabada.

El caballero	¡Ha muerto! ¡Esta noche he visto su entierro, y lo que juzgué un río era el mar que nos separaba!
El caballero	¿Eres tú, Roja?
La roja	Yo soy, mi amo.
El caballero	Dale a ese hombre algo con que se conforte, para poder salir inmediatamente. ¡Ay, muerte negra!

Escena tercera

Noche de tormenta en una playa. Algunas mujerucas apenadas, inmóviles sobre las rocas y cubiertas con negros manteos, esperan el retorno de las barcas pescadoras. El mar ululante y negro, al estrellarse en las restingas moja aquellos pies descaros y mendigos. Las gaviotas revolotean en la playa, y su incesante graznar y el lloro de algún niño, que la madre cobija bajo el manto, son voces de susto que agrandan la voz extraordinaria del viento y del mar. Entre las tinieblas brilla la luz de un farol. Don Juan Manuel y el marinero bajan hacia la playa

El marinero	¡Ya alcanza mi amo cómo no está la sazón para hacerse a la mar!
El caballero	¿Dónde tenéis atracada la barca?
El marinero	A sotavento del Castelo.
El caballero	Como habéis venido, podemos ir...
El marinero	Era día claro, y tampoco reinaba este viento, cuando largamos de Flavia-Longa. Aun así nos comía la mar. Vea cómo lostrega por la banda de Sudeste. ¡Hay mucha cerrazón!
El caballero	¡Hay otra cosa!... ¡Miedo!

El marinero	El mar es muy diferente de la tierra, y de otro respeto, Señor Don Juan Manuel.
El caballero	¡No sois marineros, sino mujeres!
El marinero	Somos marineros, y por eso miramos los peligros que apareja la travesía. Al mar, cuanto más se le conoce más se le teme. No le temen los que no le conocen.
El caballero	Yo le conozco y no le temo.
El marinero	No le teme, porque usted no teme ninguna cosa, si no es a Dios.
El caballero	¿Cuántos marineros sois?
El marinero	Cinco y el rapaz, que no merece ser contado. Hemos venido con los cuatro rizos, y aínda hubimos de arriar la vela al pasar La Bensa.
El caballero	¡Qué noche fiera!
El marinero	No se ve ni una estrella.
El caballero	¡Ni hace falta! Si fueseis gente de mar, os gustaría este tiempo bravo.
El marinero	¡Es mucho tiempo!
El caballero	Siempre preferible a la calma.

Han llegado al atracadero donde se abriga la barca. Grandes peñascales coronados por las ruinas de un castillo. El marinero se adelanta, y con el farol explora el camino para bajar a la orilla. Es peligroso el paso de aquellas rocas cubiertas de limo, donde los pies resbalaban. En el abrigo se adivina la forma de la barca. Un farol cuelga del palo, y lo demás es una mancha oscura. El marinero da una gran voz.

El marinero	¡Abelardo!
El caballero	¿Es el patrón?
El marinero	Sí, señor.
El caballero	¿Abelardo, el hijo de Peregrino el Rau?
El marinero	Sí, señor.
El caballero	Su padre era un lobo para la mar.
El marinero	Pues el hijo le gana... ¡Abelardo!

Una voz en las tinieblas ¿Quién va?

El marinero	Sube para darle una mano al Señor Don Juan Manuel... Yo mal puedo con el farol.
El caballero	¡No te muevas, Abelardo! Me basto solo.

Bajan a la orilla del mar. Se oye el vuelo de las gaviotas, convocadas por el viento y la noche. Una sombra se acerca: Sus pasos fosforecen en la arena mojada. Los relámpagos tiemblan con brevedad quimérica sobre el mar montañoso, y se distingue la barca negra, cabeceando atracada al socaire de los roquedos.

El caballero	¿Eres tú Abelardo?
El patrón	Para servirle, Señor Don Juan Manuel.

El caballero	A ti no te conozco... A tu padre le he conocido mucho... Me acuerdo de una apuesta que ganó: Era ir nadando hasta la Isla.
El patrón	¡De poco le ha servido al pobre aquella destreza!
El caballero	¿Murió ahogado?
El patrón	Murió, sí, señor.
El caballero	¿Cuándo embarcamos?
El patrón	Cuando el tiempo lo permita.
El caballero	¡Tú no morirás como tu padre! Tú tienes que pedir permiso al tiempo para hacerte a la mar. Cuando lleguemos estará fría aquella santa. ¡La muerte no tiene tu espera, hijo de Peregrino el Rau!

A la luz de los relámpagos se columbra al viejo linajudo erguido sobre las piedras, con la barba revuelta y tendida sobre un hombro. Su voz de dolor y desdén vuela deshecha en las ráfagas del viento. El hijo de Peregrino el Rau hace bocina con las manos.

El patrón	Muchachos, vamos a largar.
Un marinero	El viento es contrario y no llegaremos en toda la noche. Si no ocurre avería mayor.
Otro marinero	Más valía esperar.
Otro marinero	Al nacer el día acaso salte el viento.

El caballero	¿En qué año nacisteis? ¡Un rayo me parta si no habéis nacido en el año del miedo!

El patrón	¡A embarcar, rediós! Meter a bordo el rizón.

A la voz del patrón los cuatro hombres que tripulan la barca, uno tras otro, van saltando a bordo con un rosmar de protesta. El patrón manda aparejar la vela y se inclina sobre la borda de popa para armar la caña del timón. Después se santigua. La barca se columpia en la cresta espumosa de una ola. Comienza la travesía.

Escena cuarta

Sala desmantelada en una casa hidalga, a la entrada de Flavia-Longa. Llegan hasta allí, desde otra estancia, las voces de los criados, que rinden el planto a la sellara, que acaba de morir. Los hijos han hecho campaña en la sala, y rifan al son que se reparten lo que afanaron al saquear la casa. Allí están Don Pedrito, Don Rosendo, Don Gonzalito, Don Mauro y Don Farruquiño. Los cinco hermanos se parecen: Altos, cenceños, apuestos, con los ojos duros y el corvar de la nariz soberbio. Don Farruquiño se distingue de los otros en que lleva tonsura y alzacuello.

Don Rosendo	¡Creéis que en casa de mi madre se comía con cucharas de madera!

Don Farruquiño	Eso parece.

Don Rosendo	Yo no paso por ello. ¿Quién es el ladrón de la plata que siempre hubo aquí?

Don Farruquiño	Ahora no la hay, y fuerza es conformarse.

Don Rosendo	Pues la había.

Don Pedrito	Sílbale, a ver si acude.

Don Farruquiño	El capellán se la llevó machacada, cuando estuvo en la facción. Creo recordar eso.
Don Rosendo	¡Mentira! Yo la he visto después, y comí con ella. ¡Y no hace mucho!
Don Mauro	Yo también.
Don Gonzalito	Toda la plata ha desaparecido hoy mismo, y el ladrón no es el capellán.
Don Rosendo	¿Quién de vosotros llegó el primero?
Don Pedrito	Yo llegué el primero. ¿Qué hay?
Don Rosendo	Pues tú eres el ladrón.
Don Pedrito	¡Y tú un hijo de puta!

Don Pedrito y Don Rosendo se abalanzan y se agarran. Los otros hermanos se interponen con gran vocerío. El capellán asoma en la puerta: Es un viejo seco, membrudo de cuerpo y velludo de manos, vestido con una sotana verdeante que se le enreda en los calcañares.

El capellán	¡Aún está caliente el cuerpo de vuestra madre, y ya peleáis como Caínes! ¡Respetad el sueño de la muerte, sacrílegos! Esperad a que llegue vuestro padre, y él dará a cada uno lo que en herencia le corresponda. No seáis como los cuervos, que caen en bandada sobre los muertos para comérselos. ¡Cuervos! ¡Caínes!

Los cinco hermanos, revueltos en un tropel, siguen gritando en el centro de la estancia, los brazos se levantan sobre las cabezas amenazadores y coléricos.

Don Farruquiño	Don Manuelito, esto no se arregla con sermones.
El capellán	¡También has manchado en este saqueo tus manos que consagran a Dios!

Esperad a que llegue vuestro padre y él dará a cada uno lo suyo. ¡Los lobos en el monte tienen más hermandad que vosotros! ¡Nacidos sois de un mismo vientre, y peleáis como fieras que por acaso se hallan en un camino!

Don Farruquiño	¿Quién avisó a Don Juan Manuel?
El capellán	Yo le avisé. Esta tarde salió con una carta mía, la barca de Abelardo.
Don Pedrito	¡Esa es una conspiración!
Don Mauro	¡Qué se pretende con avisar a mi padre!
Don Gonzalito	Debió respetarse la voluntad de mi madre, que, no le llamó cuando estaba moribunda.
El capellán	Porque vosotros lo habéis estorbado. Pero harto sabéis que su último suspiro fue para él. ¡Cuervos! ¡Lobos!
Don Pedrito	¡Basta de insultos, que la paciencia se me acaba!
El capellán	¡Y tú el mayor cuervo! ¡Y tú el mayor lobo!
Don Farruquiño	¡Qué valor da el vino!
Don Mauro	¡Un rayo te parta, Don Manuelito!

El capellán	Guardad esos fieros para las mujeres y para los rapaces, que a mí no se me asusta con ellos. ¡Sacrílegos! Vendrá Don Juan Manuel y os arrojará de esta casa que estáis profanando con vuestras concupiscencias.
Don Pedrito	¡Un rayo me parta! ¡Me da el corazón que hoy ceno lengua de clérigo!
Don Farruquiño	¡Adobada en vino!
El capellán	¡Sacrílegos! ¡Seríais capaces de poner las manos sobre esta corona!
Don Farruquiño	¡No lo consentiría yo!
El capellán	¡Tú eres el peor de todos!... Ya tendréis el castigo, si no en esta vida, en la otra... Os dejo, os dejo entregados a este latrocinio impío... ¿Oís esa campana? Llama por mí y llama también por vosotros... Voy a decir la primera misa por el descanso de nuestra madre, mi protectora, mi madre. Vosotros, Caínes, bien hacéis en no oírla. ¡Sería un escarnio! Sois como los perros, que no pueden entrar en la casa de Dios.

El capellán sale, y el doble de la campana que resuena en la sala desmantelada, detiene por un momento aquel expolio a que se entregan desde el comienzo de la noche los cinco bigardos.

Escena quinta

La alcoba donde murió Doña María. Es el amanecer, uno de esos amaneceres adustos e invernales en que aúlla el viento como un lobo y se arremolina la llovizna. En la alcoba, la luz del día naciente batalla con la luz de los cirios que arden a la cabecera de la muerta, y pasa por las paredes de la estancia como la sombra de un pájaro. La lluvia azota los cristales de la ventana y se ahíla en un lloro terco y frío, de una tristeza monótona, que parece exprimir toda la tristeza del invierno y de la vida. La ventana se abre sobre el mar, un vasto mar verdoso y temeroso. Es aquella una de esas angostas ventanas de montante, labradas como confesionarios en lo hondo de un muro, y flanqueadas por poyos de piedra donde duerme el gato y suele la abuela hilar su copo. Dos mujeres velan el cadáver: La una, alta y seca, con los cabellos en mechones blancos y los ojos en llamas negras, es sobrina de la muerta y se llama Doña Moncha. La otra, menuda, compungida y melosa, con gracia especial para cortar mortajas, es blanca, con una blancura rancia de viejo marfil, que destaca con cierta expresión devota sobre un hábito nazareno: Se llama Benita la Costurera.

Benita la costurera	¿Quiere que amortajemos a la señora?
Doña Moncha	¿Terminaste el hábito?
Benita la costurera	Mírelo aquí... No le rematé los hilos de las costuras, porque, mi verdad, una mortaja tampoco requiere aquel cuidado que una falda para ir al baile. ¡Doña Monchiña de mi vida, mire qué guapa le va esta esterilla dorada!

Doña Moncha aprueba con un gesto. Benita la Costurera dobla la mortaja y espabila los cirios con las tijeras que lleva pendientes de la cintura, y se balancean al extremo de una cinta azul que llaman hospiciana.

Doña Moncha	¡Pobre tía, parece que se ha dormido!
Benita la costurera	Quedóse como un pájaro... ¡Ni agonía tuvo!
Doña Moncha	Dios nos libre de tenerla igual... ¡Su agonía duró treinta años!
Benita la costurera	Me parece que aún la estoy viendo el día que se casó, con su mantilla de casco... Fue el mismo año y el mismo

día que vino la reina... ¡Qué cosas tiene el mundo!...
¡Ayudé a coserle el vestido de novia y ahora tócame
hilvanarle la mortaja!

Doña Moncha	Dos veces le has cosido la mortaja... Todo lo que tú coses son mortajas...
Benita la costurera	¡Doña Moncha de mi alma, no diga eso! ¡Santísima Virgen de la Pastoriza, hay mucha gente mala, y si la oyen y dan en repetirlo! ¡Doña Moncha de mi vida, no me eche esa fama!
Doña Moncha	Yo no me pondría una hilacha que hubiesen cosido tus manos... ¡Tienen la sal!
Benita la costurera	¡Ay!... ¡No diga eso, Doña Monchiña!... Contésteme ahora: ¿Le parece que antes de vestirle el hábito lavemos y peinemos a la muerta?
Doña Moncha	A mí esa costumbre me parece un sacrilegio.
Benita la costurera	¿Por qué? ¿No va a comparecer en la presencia de Dios Nuestro Señor? Pues natural es que acuda a ella como a una fiesta, bien lavada y aromada. Nunca debimos haber dejado que el cuerpo se enfriase, Doña Monchiña. Ya verá cómo ahora cuesta más trabajo aviarle... Y conforme pase tiempo, más y más... Voy por agua templada, Doña Monchiña.

Sale la costurera con un andar leve, como si temiese que la muerta se despertase. Doña Moncha reza en voz baja todo el tiempo que permanece sola, y la
estancia oscura se llena de misterio con aquel vago murmullo de rezo que se
junta al chisporroteo con que los cirios se derraman sobre los candeleros de

bronce. Un gato empuja la puerta y llega sigiloso hasta la cama de la muerta, donde comienza a maullar tristemente, con largos intervalos. Tras el gato entra Benita la Costurera.

Benita la costurera	¡Doña Monchiña, ni agua caliente había! Tuve que encender unas pajas... Parece talmente que entraron aquí los facciosos. Como cinco lobos, los cinco hijos se están repartiendo cuanto hay en la casona, y los criados, a escondidas, también apañan lo que pueden. Dios me perdone el mal pensamiento, pero mismo parece que deseaban la muerte de la pobre santiña.
Doña Moncha	Aún no había cerrado los ojos y estaban ya descerrajando roperos y alhacenas. Cayeron aquí como cuervos que ventean la muerte.
Benita la costurera	¡Mire que es de judíos lo que hicieron con Doña Sabelita! ¡De la misma cabecera de la difunta la echaron a la calle arrastrándola por los cabellos! ¡Y con qué palabras, Madre de Dios! ¡Ni siquiera la dejaron abrir el arca de su ropa para ponerse una pañoleta de luto! ¡Como no se halló nada en la casona, sospechaban que la ahijada tuviese escondido dinero y alhajas!...
Doña Moncha	No se halló nada, porque ellos ya se lo habían repartido todo antes de morir su madre.
Benita la costurera	¡Y sin venir el Señor Don Juan Manuel! Dicen que los hijos juraban contra el capellán, porque hubo de mandarle un aviso. ¿Verdad que parece mentira, Doña Monchiña?
Doña Moncha	A mí, todo cuanto se diga de esos malvados, me parece verdad.

Benita la costurera	¡Jesús, qué Caínes!

Benita la Costurera moja una toalla en la jofaina que trajo llena de agua caliente, y comienza a lavar el rostro de la muerta. Entre los labios azulencos renace siempre una saliva ensangrentada, bajo la toalla con que los refriegan aquellas manos irreverentes, picoteadas de la aguja, y la cabeza lívida rueda en el hoyo de la almohada.

Benita la costurera	Ya empieza a hincharse... ¿Doña Moncha, no tiene un pañuelo que le atemos a la cara para sujetarle la barbeta, que mire cómo se le cae desencajada? ¡Jesús, si parece que nos hace una mueca!
Doña Moncha	¡Pobre tía!
Benita la costurera	Luego que le hayamos vestido el hábito le pondremos un salero sobre la barriguiña.
Doña Moncha	¿Para qué eso?
Benita la costurera	Siempre contiene esta hidropesía de la muerte. Mire cómo tiene las piernas, Doña Monchiña.
Doña Moncha	No la laves más.
Benita la costurera	¡Si se ha ciscado toda! ¿Quiere que vaya así a la presencia de Dios? ¡Y qué cuerpo blanco! ¡Cuántas mozas quisieran este pecho de paloma!
Doña Moncha	Déjala... Yo le vestiré el hábito.

Seria y brusca, coge la mortaja y se acerca, apartando a Benita la Costurera. Con un brazo quiere incorporar a la muerta, y aquellas manos frías, cruzadas sobre el pecho, se desenredan torpes y caen flojas a lo largo del cuerpo, en tanto que la cabeza ya rueda sobre los hombros, ya se hunde en el pecho.

Benita la costurera	Yo le ayudaré, Doña Monchiña. Apártese.
Doña Moncha	Corta la mortaja por detrás. Es lo mejor.
Benita la costurera	No será preciso... Déjeme a mí. Apártese.
Doña Moncha	¡Acabemos, que ya no puedo más! ¡Córtala!
Benita la costurera	¡Y no es un dolor, Doña Monchiña!
Doña Moncha	Córtala, te digo. ¿Dónde tienes las tijeras?
Benita la costurera	A su gusto. ¡Lástima de tiempo y de puntadas!

Benita la Costurera obedece con un gesto compungido, y después, graves y silenciosas, las dos mujeres amortajan el cuerpo de Doña María.

Escena sexta
Una playa de pinares: En aquella vastedad desierta, el viento y el mar juntan sus voces en un son oscuro y terrible. La barca, con el velamen roto, ha dado de través en los arrecifes de la orilla, y un marinero salta a reconocer la tierra. El patrón habla desde a bordo.

El patrón	Este arenal paréceme que debe ser el arenal de Las Inas. Busca a ver si descubres el Con del Frade.
El marinero	Ni aun las manos alcanzo a verme. Los pinares se me figuran los Pinares del Rey.
El caballero	Entonces nos hallamos entre Campelos y Ricoy.

El marinero	Es una playa de arena gorda.
El patrón	Hasta que amanezca no señalaremos adónde arribamos.
El marinero	Con tal noche, era sabido. Suerte que no naufragamos.
El caballero	Suerte para nosotros, que no dirán lo mismo los delfines.

Se oye a lo lejos una campana, una de esas campanas de aldea, familiares como la voz de las abuelas. Tañe con el toque del nublado.

El caballero	Debemos hallarnos cerca de San Lorenzo de András. Conozco la campana.
El patrón	¡Pues no hicimos poca deriva! Hasta que amanezca no podemos navegar, y aun así veremos... Habrá que ir achicando agua toda la travesía.
El caballero	Os iréis solos, porque a mí se me acaba la paciencia y no espero.
El patrón	Pues no hay más vivo remedio, Señor Don Juan Manuel.
El caballero	Para vosotros, que yo me voy a pie desde aquí a Flavia-Longa.
El patrón	¿Con esta noche?
El caballero	¡Qué me importa la noche!
El patrón	Son tres leguas, cerca de cuatro.

El caballero	Tres horas de camino.
El patrón	Tres horas si fuera día claro, pero con tanta oscuridad...
El caballero	Yo veo de noche como los lobos, y con tal que la avenida no se haya llevado ninguna puente...

Salta a tierra el Caballero. En las ráfagas del viento llega la voz de la campana, informe y deshecha por la distancia. Don Juan Manuel procura orientarse, y guiado por aquel son, se aleja hacia los pinares donde se queja el viento con un largo ulular.

El caballero	Dios me ordena que me arrepienta de mis pecados... ¡Toda una vida! ¡Toda una vida!... ¡Qué lejos suena la campana, apenas se la distingue! He sido siempre un hereje. ¡El mejor amigo del Demonio!... Me habré equivocado y no será la campana de András. A estas horas habrá muerto aquella santa... En el cielo la pobre abogará por mí... ¡Por mí, que fui su verdugo!... Sin embargo, la quería y si vuelvo los ojos al pasado no encuentro en mi vida otro pecado que haber hecho una mártir de mi pobre mujer. Debí haberla ocultado que tenía otras mujeres. Pero yo no sé engañar, yo no sé mentir...
	¡Cuántos pecados! ¡Mi alma está negra de ellos!... La religión es seca como una vieja... ¡Como las canillas de una vieja!... Tiene cara de beata y cuerpo de galga... Como el hombre necesita muchas mujeres y le dan una sola, tiene que buscarlas fuera. Si a mí me hubieran dado diez mujeres, habría sido como un patriarca... Las habría querido a todas, y a los hijos de ellas y a los hijos de mis hijos... Sin eso, mi vida aparece como un gran pecado. Tengo hijos en todas estas aldeas, a quienes no he podido dar mi nombre...

¡Yo mismo no puedo contarlos!... Y los otros bandidos, temerosos de verse sin herencia por mi amor a los bastardos, han tratado de robarme, de matarme... Pero yo tengo siete vidas. ¡Todo lo pagó con sus lágrimas aquella santa!... ¿Dónde estaré? ¡Ya no se oye la campana!...

El fragor del viento entre los pinos apaga todos los demás ruidos de las noche: Es una marejada sorda y fiera, un son ronco y oscuro, de cuyo seno parecen salir los relámpagos. Don Juan Manuel, de tiempo en tiempo, se detiene desorientado e intenta aprovechar aquel resplandor, que inesperado y convulso se abre en la negrura de la noche, para descubrir el camino. De pronto ve surgir unas canteras que semejan las ruinas de un castillo: El eco de los truenos rueda encantado entre ellas. Al acercarse oye ladrar un perro, y otro relámpago le descubre una hueste de mendigos que han buscado cobijo en tal paraje. Tienen la vaguedad de un sueño aquellas figuras entrevistas a la del relámpago: Patriarcas haraposos, mujeres escuálidas, mozos lisiados hablan en las tinieblas, y sus voces, contrahechas por el viento, son de una oscuridad embrujada y grotesca, saliendo de aquel roquedo que finge ruinas de quimera, donde hubiese por carcelero un alado dragón.

Una voz	¿A quién ladras, Carmelo?
Otra voz	Alguien ronda.
Otra voz	Será un caminante extraviado.
Otra voz	Será algún can sin dueño.
El caballero	¿Este pinar, es el Pinar del Rey?
Una voz	Así le dicen... Mas agora es de nosotros, los que aquí nos procuramos guarida en una noche tan fiera.

El caballero	¿Habrá sitio para mí?
Una voz	¡Y holgado!
El caballero	¿La campana que tocaba poco hace, era la de András?
Una voz	La campana choca de Andrés.

El Caballero se guarece con aquellos mendigos que van en caravana a una romería. Racimo de gusanos que se arrastra por el polvo de los caminos y se desgrana en los mercados y feriales de las villas, salmodiando cuitas y padrenuestros. En todos los casales los conocen, y ellos conocen todas las puertas de caridad: Son siempre los mismos: El Manco de Gondar; el Tullido de Céltigos; Paula la Reina, que da de mamar a un niño; Andreíña la Sorda; Dominga de Gómez; el Manco Leonés; el Señor Cidrán el Morcego y la Mujer del Morcego. Se oye muy lejos otra campana.

El caballero	Parece la Monja de Belvis.
El Morcego	¡Cómo la ha conocido!
La mujer del Morcego	Muy fácil que sea de allí. Dispense la pregunta: ¿Usted es de allí?
El caballero	¿No me conocéis? Soy Don Juan Manuel Montenegro.
El Morcego	Por muchos años.
El tullido de céltigos	Estábamelo pareciendo.
Dominga de Gómez	Yo, dende que habló le conocí.
El caballero	¿A qué distancia estamos de Flavia-Longa?

El Morcego	Cosa de una legua.
La mujer del Morcego	Di también tres, Morcego.
El caballero	La noche es tan oscura que no reconozco el camino.
El manco de Gondar	Ya cantó el cuco, y pronto amanecerá Dios.
El manco leonés	Noble Caballero, aquí tiene acomodo donde estará más resguardado del viento y de la lluvia.
La mujer del Morcego	Apártate, Andreíña, y deja sitio al Señor Don Juan Manuel.
Andreíña la sorda	¿Quién dices?
La mujer del Morcego	El señor de la casa grande de Flavia-Longa.
Andreíña la sorda	Ayer, por el camino de Bealo, iban diciendo que la señora entregará el alma a Dios.
La mujer del Morcego	¡Ave María!... Si aquí está presente el señor.
El caballero	Voy a su entierro... Con la esperanza de verla aún con vida, acabo de desembarcar en esa playa.
La mujer del Morcego	Y con vida la encontrará, señor. ¡Muy bien puede salir engaño cuanto cuenta Andreíña!
El Morcego	Como es sorda nunca está al cabo de lo que pasa por el mundo.
Dominga de Gómez	¡Y hay mucha gente divertida que le dice engaños porque luego ella los vaya pregonando!

Andreíña la sorda	El Ciego de Gondar díjome que tenía pensado llegarse a Flavia-Longa.
El Morcego	Si es cuento del Ciego de Gondar, será mentira.
Andreíña la sorda	Habrá reparto de limosna en la casa grande, y más atrapará un pobre allí que en Santa Baya. Yo también hago pensamiento de llegarme por aquellas puertas, que siempre fueron de mucha caridad.
El caballero	Y seguirán siéndolo. Habrá limosna para todos los que lleguen a ellas.
Andreíña la sorda	Lo ha dejado en una manda la difunta señora, porque sus culpas le sean perdonadas.
El caballero	¡No son sus culpas las que necesitan perdón, son las mías! Todo el maíz que haya en la troje se repartirá entre vosotros. Es una restitución que os hago, ya que sois tan miserables que no sabéis recobrar lo que debía ser vuestro. Tenéis marcada el alma con el hierro de los esclavos, y sois mendigos porque debéis serlo. El día en que los pobres se juntasen para quemar las siembras, para envenenar las fuentes, sería el día de la gran justicia... Ese día llegará, y el Sol, Sol de incendio y de sangre, tendrá la faz de Dios. Las casas en llamas serán hornos mejores para vuestra hambre que hornos de pan. ¡Y las mujeres, y los niños, y los viejos, y los enfermos, gritarán entre el fuego, y vosotros cantaréis y yo también, porque seré yo quien os guíe! Nacisteis pobres, y no podréis rebelaros nunca contra vuestro destino. La redención de los humildes hemos de hacerla los que nacimos con ímpetu de señores cuando se haga

la luz en nuestras conciencias. ¡En la mía se hace esa luz de tempestad! Ahora, entre vosotros, me figuro que soy vuestro hermano y que debo ir por el mundo con la mano extendida, y como nací señor, me encuentro con más ánimo de bandolero que de mendigo. ¡Pobres miserables, almas resignadas, hijos de esclavos, los señores os salvaremos cuando nos hagamos cristianos!

La hueste de mendigos se conmueve con un largo murmullo semejante al murmullo del rezo con que pide limosna por las puertas. Cuando el rumor se aquieta, alza su voz un mendigo gigantesco que tiene los ojos llagados por la lepra, y en aquella voz gangosa y oscura se arrastra como una larva la tristeza milenaria de su alma de siervo.

El pobre de San Lázaro Dios Nuestro Señor nos dará en el Cielo su recompensa a todos los que aquí pasamos trabajos. Es su ley que unos sean pobres y otros ricos. Dios Nuestro Señor a los pobres nos manda tener paciencia para pedir la limosna, y a los ricos les manda tener caridad, y el rico que parte su pan trigo con el pobre, tiene el Cielo más ganado que el pobre que lo recibe y no lo agradece. ¡Es la ley de Nuestro Señor!

El Caballero se estremece. Hasta su rostro llega el aliento podre de aquella voz gangosa, y apenas puede dominar el impulso de apartarse. A la lívida claridad del amanecer, la figura gigantesca del mendigo leproso, se destaca en la oquedad de las canteras. El caballero siente una emoción cristiana.

El caballero   ¿Eres el pobre de San Lázaro?

El pobre de San Lázaro Sí, señor.

El caballero   ¿Y tus hijos?

El pobre de San Lázaro   Los cinco están recogidos en el Hospital.

El caballero   ¿Tienen tu mismo mal?

El pobre de San Lázaro   Sí, señor... Yo, como nací labrador, no puedo estar preso en el Hospital. Si no veo los campos y los caminos, muérome de tristeza. El Hospital es como una cárcel, y allí encerrado moríame de pena... No me mata este mal tan triste, y matábame el no ver las eras, y los viñedos y los castañares.

El caballero   ¡Ya amanece!... Job, si puedes andar, ven conmigo...

El pobre de San Lázaro   ¡Vamos, Carmelo! Hoy encontraste ya un hueso que roer.

Los mendigos   ¡Era Doña María la madre de los pobres! ¡Nunca hubo puerta de más caridad! ¡Dios Nuestro Señor la llamó para sí y la tiene en el Cielo, al lado de la Virgen Santísima! ¡Era la madre de los pobres!

El caballero   ¿Por qué no camináis en silencio? ¡Era mi madre también, era todo cuanto tenía en el mundo, y no lloro!

La voz del viejo linajudo, desmintiendo sus palabras, se rompe en un sollozo. La hueste de mendigos comienza a rezar un padrenuestro que guía el Pobre de San Lázaro.

Jornada segunda

Escena primera

Una sala con tribuna sobre la capilla, en la casona de Flavia-Longa. Están cerradas todas las ventanas, el Sol mañanero ilumina los resquicios, y las rayolas del polvo tiemblan en impalpables escalas: El olor de la cera y del incienso ha quedado flotando en la estancia. La capilla yace desierta y oscura después del funeral de Doña María.

Dos de sus hijos han entrado recatándose, en la sala.

Don Farruquiño	Cierra la puerta.
Don Pedrito	¿De qué se trata?
Don Farruquiño	Ahora lo sabrás.
Don Pedrito	¡Cuánto misterio!
Don Farruquiño	¡Pues si los otros llegan a enterarse!... Han olvidado las alhajas de la capilla, y antes de que acuerden nos las vamos a repartir tú y yo.
Don Pedrito	Había pensado en ello, pero tiene las llaves el capellán.
Don Farruquiño	Por eso vamos a descolgarnos por la tribuna.
Don Pedrito	¿Y esos no sospecharán?... El Demonio me lleve si hemos conseguido engañarlos en lo otro... La verdad es que, por mi parte, tampoco lo pretendí. Yo me alegro de que lo sepan.
Don Farruquiño	Esa plata que nos hemos repartido es una miseria... ¿Pero y el trigo, y el maíz, y el centeno? Las trojes hoy están vacías, y no hace una semana estaban llenas,

porque mi madre había cobrado los forales de András y de Corón. ¿Quién la ha robado? ¡Ellos y solo ellos!

Don Pedrito	¿Los tres?
Don Farruquiño	O uno solo... ¿Qué más da?
Don Pedrito	Si fuese uno solo, le obligaríamos a que lo devolviese.
Don Farruquiño	¡Creo que han sido los tres!
Don Pedrito	¡Bandidos!... ¿Y habrá llegado mi padre?
Don Farruquiño	No sé.
Don Pedrito	Hace poco he oído rumor de voces...
Don Farruquiño	Yo nada oí...
Don Pedrito	Temo el momento de verme frente a frente.
Don Farruquiño	Yo también.
Don Pedrito	¿Habrá llegado?
Don Farruquiño	Sospecho que no, porque hay demasiado silencio en la casa... Don Juan Manuel no vendrá tan sin ruido como la muerte.
Don Pedrito	¡Pobre madre!... Entre todos la hemos enterrado.
Don Farruquiño	Buenos sepultureros estamos... ¿Oye, me romperé una pierna si me dejo caer desde la tribuna al otro lado?

Don Pedrito	Creo que no.

Cabalga sobre el barandal Don Farruquiño y se descuelga hacia el oscuro presbiterio de la capilla, donde aún flota el humo de la cera o y del incienso. Se balancea un momento y se deja caer.

Don Pedrito	Ahora voy yo.

Don Farruquiño	Tú me esperas arriba. Tienes que darme los brazos para que suba. Si saltas nos quedamos sin poder salir, porque están todas las puertas cerradas.

Sube las gradas del presbiterio Don Farruquiño, y luego de hacer una genuflexión ante el altar, abre el sagrario, de donde saca el copón y la patena, que tienen en sus manos el áureo brillo de un tesoro. Con religioso respeto los contempla, colocándose bajo la lámpara.

Don Farruquiño	Por fortuna, no tiene ninguna sagrada forma el copón. ¡Dios ha hecho que los otros bandidos perdiesen la memoria, porque hubieran entrado aquí y todo lo hubieran profanado para venderlo!... Pedro, tú te llevarás la lámpara, que es de plata, y yo conservaré los vasos sagrados para dedicarlos al culto. Hay que salvar el sacrilegio.

Don Pedrito	Ya arreglaremos eso... Ahora lo que cumple es esconderlo todo en el cuarto de la criada vieja.

Don Farruquiño	Lo enterraremos en la bodega.

Don Pedrito	De enterrarlo, sería mejor debajo del altar. Ahí estaba seguro... Cuando el capellán ocultó el alijo de armas para la facción nadie dio con él.

Don Farruquiño	¿Y luego cómo lo sacábamos? Porque estas puertas se cierran para nosotros apenas asome Don Juan Manuel.
Don Pedrito	Lo mejor es el arca de la criada, y nadie sospechará...

Mientras habla el primogénito, el tonsurado vuelve a subir las gradas del presbiterio y apaga la lámpara, que por fundación debe arder noche y día. Helado y sobrecogido, oye en la oscuridad la voz de su hermano que le habla con el cuerpo fuera de la tribuna y los ojos lucientes de fiebre, como un poseído.

Don Pedrito	No pises sobre la sepultura de mi madre... ¡Ladrón!
Don Farruquiño	¿Qué estás diciendo?
Don Pedrito	No pises sobre la sepultura. Está enterrada delante del altar. No pises sobre ella... ¡Puede levantarse!...
Don Farruquiño	¡Tú estás borracho, ladrón!

El primogénito recoge el cuerpo, doblado sobre el barandal de la tribuna, y sonríe desvanecido, pasándose una mano por los ojos.

Don Pedrito	Es verdad, estoy borracho sin haber bebido... ¡Ojalá estuviese borracho!... No olvides que las despabiladeras también son de plata.
Don Farruquiño	Si dejo algo serán las campanas, ladrón.
Don Pedrito	¡Alabado seas!
Don Farruquiño	¡Dispensa, pero para eso estás encima, Glorioso San Miguel!

| Don Pedrito | Ya lo tienes estrujado como la uva, y no necesitas de la espada, Santiño Bienaventurado. |

El otro bigardo posa familiarmente una mano sobre aquella cabeza de moro negro, que saca la lengua de sierpe al ser aplastada por las angélicas plantas y sonríe con la malicia del tonsurado que sabe cómo todas las astucias del rebelde son juegos ante el poder de los exorcismos. Siempre con la misma sonrisa, le arranca un cuerno.

| Don Farruquiño | Te quedas a media asta, Lucifer. |

| Don Pedrito | ¿También son de plata? |

| Don Farruquiño | En la duda... |

| Don Pedrito | Arráncale el otro cuerno. |

| Don Farruquiño | ¡No grites, ladrón! El otro se lo dejo para que se defienda, ya que cayó debajo. |

Salta al presbiterio desde la mesa del altar, otra vez su hermano se alta despavorido, y otra vez grita echando el cuerpo fuera de la tribuna, con los ojos ardidos y visionarios.

| Don Pedrito | ¡No pises sobre la sepultura!... ¡Que se levanta!... ¡Que se levanta!... |

| Don Farruquiño | ¡Tú quieres asustarme, gran ladrón! |

| Don Pedrito | Le has puesto el pie sobre el pecho. Yo la vi levantarse en la caja, con las dos manos apretadas sobre el corazón, y lo tiene lleno de espadas como la Virgen de los Dolores. También son de plata, Farruquiño. ¡No las dejes! ¡No las dejes! ¡No las dejes! |

Don Farruquiño	¡Ladrón, calla, que me estás asustando! ¡Si se me han puesto los pelos de punta! ¡Callarás, ladrón!
Don Pedrito	¿Qué fue?... ¿Por qué has apagado la lámpara si en la oscuridad los ojos están llenos de luces?
Don Farruquiño	Ciérralos y no hables, que son desvaríos del vino.
Don Pedrito	¡Apenas lo caté!...
Don Farruquiño	Entonces son burlas del amigo a quien hemos dejado sin un cuerno.
Don Pedrito	Devuélveselo, Farruquiño.
Don Farruquiño	¡Una higa! Bastará con que reces un Credo.
Don Pedrito	Me pareció ver la sombra de mi madre y hasta entender su voz. ¡No pises sobre la sepultura, porque se levanta, Farruquiño!
Don Farruquiño	¡Estás loco!
Don Pedrito	¿Qué le dolerá más, sentir las espadas clavadas en el corazón o el arrancárselas? ¡Son siete, y no cabe mentir!... ¡Son siete, como las espadas de la Virgen!... Siete de espadas, te jugaré, Farruquiño, y también el as, la espadona de San Miguel... Todo lo guardas en la sepultura... Es mejor que el arca de Andreíña.
Don Farruquiño	¡Tú quieres asustarme, y voy a abrirte la cabeza, ladrón!

Se vuelve buscando en la sombra del retablo algo que arrojar a su hermano para ahuyentarle de la tribuna, y alcanza el perro clavado en las andas de San Roque. Don Pedrito recibe el golpe en mitad de la frente, y con el rostro atravesado por un hilo de sangre se pone en pie, pálido y sereno.

Don Pedrito   ¡Hermano, yo nada quiero de toda esa plata! Llega y te daré los brazos para que subas. Pero vuelve a encender la lámpara y déjalo todo como estaba. A San Miguel dale la espada y su cuerno a Satanás.

Don Farruquiño   ¡Un rayo te parta!

Don Pedrito   Hermano, sal de ese pozo negro. Llega, y te daré los brazos. Pero no pises sobre la sepultura. ¡Que se levanta!... ¡Que se levanta!... ¡Que se levanta!...

Sale de la estancia andando hacia atrás. Despavorido bajó a la cuadra, donde tiene su caballo, le puso la silla y se lanzó al camino, aquel camino aldeano de verdes orillas, que cruza por delante de la casona hidalga. Uno de esos caminos humildes, que guían a todas partes.

Escena segunda

Un poco más adelante, siguiendo por aquel camino humilde de verdes orillas, un paraje de álamos y de agua. El primogénito encuentra a su padre, que viene a pie entre la hueste de mendigos, y refrena el caballo haciéndose a un lado para dejar paso a todos. Don Juan Manuel no le reconoce hasta cruzar por su lado. Entonces le mira con altivez, pero sin cólera, desengañado, desdeñoso, triste.

El caballero   ¡Ah!... Eres tú, bandido.

Don Pedrito   ¡Yo soy!

El caballero	Al fin nos encontramos. ¿Te han dicho que tienes mi maldición?
Don Pedrito	Sí, señor.
El caballero	¿Y no te importa?
Don Pedrito	No, señor.
El caballero	La verdad es que una maldición no mata ni espanta.

El Caballero se coge la barba estremecida por la risa, una risa extraña, de viejo loco, desengañado y burlón. Don Pedrito requiere las riendas.

Don Pedrito	¡Déjeme pasar, padre!
El caballero	Antes dirás por qué no te importa mi maldición. ¿Te hace reír?
Don Pedrito	No me hace reír...
El caballero	Pues a mí me hace llorar de risa verme lanzando excomuniones como el Papa.
Don Pedrito	¡Deje paso, señor!
El caballero	A un hijo tan bandido como tú no se le maldice, se le abre la cabeza.
Don Pedrito	Yo no soy su hijo, Don Juan Manuel.

El Caballero aferra con una mano las riendas, mientras con la otra enarbola el bastón. El primogénito, doblándose sobre el borrén y corriendo espuelas encabrita el caballo, y el padre, sin soltar el rendaje, le apalea.

El caballero	A un hijo tan bandido se le abre la cabeza. ¡Se le mata! ¡Se le entierra!
Don Pedrito	¡No me encienda la sangre, que si me vuelvo lobo, lo como!
El caballero	Apéate del caballo, y verás quién tiene más fieros dientes.
Don Pedrito	¡No me tiente, señor!
El caballero	¡Apéate, para que sepas quién es el lobo!

Trémulo, con los ojos ardientes, salta a tierra el primogénito va contra su padre, que le espera en medio del camino con el bastón enarbolado. Detrás se extiende la hueste de mendigos, que tiemblan de miedo y de frío bajo sus harapos, al intentar interponerse.

El pobre de San Lázaro	Señor Don Pedrito, considere que es su padre, y que le ha dado la vida, y que puede quitársela. ¡El padre es como el Dios del Cielo!
El manco leonés	Muestre su noble sangre volviéndose atrás por el camino que traía, joven caballero.
Dominga de Gómez	Con un padre no hay que tener valentía.
El pobre de San Lázaro	Un padre nos da disciplinazos, y cuando corra la sangre hemos de besarle las manos.
Dominga de Gómez	Quisiera yo, cuitada de mí, ver alzarse a mi padre de la cueva, aunque fuera para arrastrarme de los cabellos, que no tengo.

Don Pedrito queda un momento suspenso en medio del camino, y siempre trémulo, mira cómo su caballo se huye al galope por una siembra, pisándose las bridas.

El caballero   ¿Por qué te detienes, mal hijo?

Don Pedrito   Por ver si entre tanto misionero había alguno que fuese para alcanzarme el caballo.

El caballero   ¡Y tú te llamas lobo!

Don Pedrito   Lobo seré si mi padre vuelve a levantar su brazo sobre mi cabeza.

El Caballero siente la amenaza y adelanta hacia su primogénito. Don Pedrito ceja, se recoge, y con un salto impensado, arranca su bordón al leproso. Armado y apercibido, hace con él un círculo en el aire que tiene un terrible zumbar. Cuando el padre y el hijo van a encontrarse, se interpone entre ellos la figura gigante y trágica del Pobre de San Lázaro.

El pobre de San Lázaro El palo que a mí me sostiene por los caminos no ha de alzarlo contra su padre. Diómelo como una cruz Nuestro Señor Jesucristo.

Don Pedrito   Apártate, leproso.

El pobre de San Lázaro Antes vuélvame el palo con que voy por el mundo, que si no me lo vuelve yo lo tomaré.

Don Pedrito   ¡Ay de ti si me tocan tus manos podridas!

Con lento andar, de una humildad fuerte y solemne, avanza el Pobre de San Lázaro. El capote de soldado que le cubre parece aumentar la expresión trágica de aquella figura gigante mendiga. Don Pedrito retrocede estremecido, y arroja el bordón lejos de sí. Detrás del pobre está la sombra de Doña María.

Don Pedrito   ¡Ten tu cruz, hermano!

El pobre de San Lázaro Gracias, noble señor.

Don Pedrito   ¿Tú no sabes dónde hallaré yo la mía?

El pobre de San Lázaro No sé... Eso nadie lo sabe hasta que una vez en la noche, durmiendo en un pajar o caminando solo por un camino, se aparece el ángel que nos habla en nombre de Nuestro Señor.

El caballero   ¡Job, no digas tonterías!... Si te parece cambiaremos nuestras cruces...

Ofrece su bastón al leproso el viejo linajudo, y recoge del sendero el palo del mendigo. El primogénito se aleja hablando solo, atraviesa la siembra por cobrar el caballo que pace allá en el fondo arrastrando el rendaje. Monta, y al galope desaparece. El Caballero, ceñudo y sombrío, sigue su peregrinación entre la hueste mendicante que renueva las voces de su planto cuando ve las torres de Flavia-Longa.

Los mendigos   ¡Era la madre de los pobres! ¡Nunca hubo puerta de más caridad! ¡Dios nuestro Señor la llamó para sí y la tiene en el Cielo al lado de la Virgen Santísima! ¡Era la madre de los pobres!

Escena tercera

La cocina, en la casona de Flavia-Longa. Don Rosendo, Don Mauro y Don Gonzalito, se desayunan con migas y buen vino, al amor de la lumbre. Andreíña, la criada vieja, encubridora, trae la nueva de que está llegando Don Juan Manuel.

Andreíña	Distínguesele por el alto de Las Tres Cruces.
Don Gonzalito	Nos da tiempo para acabar las migas.
Don Rosendo	Mi plato que lo rebañen los galgos.
Don Gonzalito	Yo tengo mi caballo ensillado y llenas las alforjas.
Don Mauro	Yo también, no hay más que montar y poner espuelas.
Don Rosendo	¿Dónde están las mías, Andreíña?
Andreíña	Mírelas colgadas de aquel clavo.
Don Mauro	¿Qué habrá sido de mis hermanos Don Pedro y Don Francisco?
Andreíña	¡Fuéronse cuánto hace!
Don Rosendo	¿Tú los has visto caminarse?
Andreíña	Así muerta, me entierren.
Don Gonzalito	¿No estarán escondidos?
Andreíña	¿Dónde quiere que se escondan, mi rey?
Don Gonzalito	Pues a fe que no hay sitios: En el pajar, en la torre, en la capilla... ¡Un rayo me parta! Nos hemos olvidado de las alhajas de la capilla.
Don Rosendo	¡Maldita suerte!

Don Mauro	¿No habrá tiempo todavía?

Andreíña	Mismo está llegando el señor mi amo.

Don Mauro apura un vaso que, al terminar de beber, estrella en las losas de la cocina, y volviéndose a la vieja criada, con una mano la suspende del cuello y con la otra desnuda un puñal. Andreíña clama despavorida.

Don Mauro	He de segarte la lengua si dices una sola palabra a mis hermanos. Como lleguen a desaparecer las alhajas de la capilla ya puedes confesarte. Te desuello, y clavo en la puerta de mi casa tu piel de bruja.

Andreíña	¡En los días de mi vida hice a nadie una mala traición!

Don Mauro	Tú fuiste quien les entregó la plata, y es inútil que lo niegues.

Se oye el confuso clamor de los mendigos en la portalada de la casona, y la voz autoritaria y conmovida del viejo linajudo, que sube la escalera.

Caballero	¡Ya dieron tierra a tu cuerpo! ¿Rusa, por qué me dejas tan solo? ¡Que al pie de tu sepultura caven la mía!... ¡Rusa! ¡Rusa! ¡Rusa!

Los mendigos	¡Era la madre de los pobres! ¡Fruto de buen árbol! ¡Tierra de carabeles!

Atropelladamente, los tres bigardos salen de la cocina rosmando amenazas, y por el portón del huerto huyen a caballo. La vieja, con la basquiña echada por la cabeza a guisa de capuz, se acurruca al pie del hogar y comienza a gemir haciendo coro a la querella de los mendigos. Entra otra criada, una moza negra y casi enana, con busto de giganta. Tiene la fealdad de un ídolo y parece que anda sobre las rodillas. Le dicen por mal nombre la Rebola.

La Rebola	¡Qué susto grande!... Escuché una voz que salía de lo más fondo de la capilla, al pasar por la sala de la tribuna.
Andreíña	¡Calla, condenada!... Cúbrete la cabeza con el manteo, y llora conmigo.
La Rebola	¡Señora, mi ama! ¡Señora, mi ama!
Andreíña	¡Qué poca gracia tienes, condenada! Adeprende cómo se hace un planto. ¡Rosa de Jericó! ¡Rosa sin espinas! ¡Mi reina de las manos blancas, que hilaban para los pobres!...
La Rebola	¡Paloma sin hiel! ¡Paloma de la Candelaria!
Andreíña	¡Árbol que a todos dabas tu sombra!
La Rebola	¡Peral de ricas peras!

Resuenan en la largura del corredor las voces y los pasos de los mendigos, y en la puerta de la cocina está la prócer figura del Caballero. Las dos mujeres, arrodilladas al pie del hogar y cubiertas las cabezas, ponen más altos sus ayes.

El caballero	Alzaos del suelo y atended a mis huéspedes. Dadles a todos de comer y beber. Vosotros entrad y calentaos al amor de la lumbre.
Andreíña	Poco hay en la casa para tanto hambriento.
El caballero	¡Calla, vieja sierpe!
Dominga de Gómez	Dejaime que llegue al hogar, pues vengo aterida.

El manco leonés	¡Dios se lo premie al noble señor!
El Morcego	¡Qué gran cocina!
La mujer del Morcego	Parece la de un convento, Morcego.
El manco de Gondar	Como corresponde a la grandeza de la casa.
El pobre de San Lázaro	Veinte criados caben a la redonda del hogar, y otro tiempo se juntaban. Yo también me senté con ellos, que aún no tenía este mal tan triste.
El caballero	Ahora te sentarás conmigo para que yo pueda sentarme algún día al lado de mi muerta. Bruja, abre el horno y repártenos el pan.
Andreíña	¡Ay, señor mi amo, está vacío el horno!
El caballero	Enciéndele, y amasa la harina más blanca de la flor del trigo.
Andreíña	¡Ay, señor mi amo, no hay harina, ni grano que llevar al molino!
El caballero	¿Qué ha sido del trigo y el centeno que llenaba mis arcaces?
Andreíña	¡Ay, señor mi amo, comiéronle las ratas!
El caballero	Enciende el horno... Si no hay harina que cocer te quemaremos a ti por bruja.
Andreíña	¡Murióse aquella santa, que si ella no se muriese no recibiera yo este trato! ¡Bruja! Nadie en el mundo me

dijo ese texto, que vengo de muy buenos padres, y no habrá cristiano que me haya visto escupir en la puerta de la iglesia, ni hacer los cuernos en la misa mayor. ¡Ay, muerte negra, que te llevas a los mejores y dejas a los más ruines!

El Caballero se sienta solo en un banco que hay frontero al hogar, y permanece abatido y sombrío, con los ojos en la hoguera de sarmientos que levanta sus lenguas de oro hacia el fondo negro y brujo de la chimenea, donde resuenan las risas del viento. Los mendigos se agrupan al otro lado, y hablan en voz baja.

El caballero   Calentaos, ya que solo puedo ofreceros el techo y la lumbre. Don Juan Manuel Montenegro hoy es tan pobre como vosotros.

Dominga de Gómez   Es rico de caridad.

El pobre de San Lázaro En donde está el fuego, está Dios Nuestro Señor. El fuego es más que el pan y que el agua y que la sal. Todo en el mundo, para ser, requiere una chispa de lumbre. Lo mismo el vino que la sangre, y los ojos si han de tener luz, y la tierra si ha de dar fruto. Yo llevo este mal tan triste porque un gran frío me recorre el cuerpo, y me toca el fuego y no lo siento calentar mi carne muerta. En la noche no se ve nada y se ve una hoguera, y del cielo ninguna cosa baja a la tierra, si no es el agua y el fuego, que tienen una hermandad...

En la cocina resuenan los lloros del niño que mama en el pecho de Paula la Reina. La mendiga trata de acallarle con el susurro de un canto, y, toda atenta, sigue las palabras del leproso mientras saca por encima del justillo el otro pezón, para ofrecérselo al niño, que llora de hambre.

Paula la reina   ¡Eh, meniño, eh!...

```
                           Pra Santo Tomé...
                           ¿Teu pai quen foy?
                           ¿Tua nay quen e?...
                           ¡Eh, meniño, eh!...
```

El caballero   ¿Por qué no le retuerces el cuello a esa criatura, Paula? ¿No ves cómo llora?

Paula la reina   ¡Hijo de mis entrañas?

El caballero   ¿Qué derecho tienes para darle tu miseria? Guarda tus pechos, y déjalo morir. ¿Ves cómo llora de hambre? Pues así habrá de llorar toda la vida. ¿No te da lástima, mujer? Retuércele el cuello para que deje de sufrir, y da libertad a su alma de ángel... ¡Ojalá nos retorciesen el cuello a todos cuando nacemos! ¡Ojalá yo se lo hubiese retorcido a mis hijos!... ¿Han estado aquí esos sepultureros, Andreíña?

Andreíña   Cuando entraba el señor mi amo, ellos salían fugitivos.

El caballero   ¿Han cavado bien honda la sepultura de su madre?

Andreíña   Ellos no la cavaron.

El caballero   ¿Bien honda, bien honda, que haya sitio para mí?

Andreíña   ¡Asús, parecen palabras de fiebre!...

Dominga de Gómez   La pena que le cubre el corazón hácele decir esos textos.

El Caballero guarda silencio. Los mendigos se agrupan en torno del fuego, y con los brazos apretados sobre sus harapos se estremecen, con ese estreme-

54

cimiento feliz de los vagabundos que saben gozar del albergue y del fuego. Entra el capellán.

El capellán	¡Un resucitado!... ¡Le veo y no me parece Don Juan Manuel! ¡Vengo de la playa, de esperar la barca de ese infeliz Abelardo!
El caballero	¿No habrá llegado?
El capellán	¡Ni llegará!... Naufragaron...
El caballero	¿Y han perecido todos?
El capellán	¡Todos!... El cuerpo del patrón dicen que ha salido en la playa de Rajoy... Yo le hacía embarcado con ellos al Señor Don Juan Manuel. ¡Es providencial!
El caballero	¡Dios quiere darme tiempo para que me arrepienta de mis pecados!
El capellán	¡No lo olvide, Señor Don Juan Manuel!
El caballero	¡Les forcé para que se hiciesen a la mar, y con ellos estuve embarcado toda la noche!... La muerte estaba en acecho, y la sentí pasar por mi lado. Estaba en aquella barca de pescadores y en esta casa mía... Por donde voy descubro las huellas de su paso. ¡He visto sus luces!
El capellán	La muerte va con nosotros desde que nacemos.
El caballero	Yo siento sus pasos en esta casa vacía... Esta casa que parece también estar muerta, toda silenciosa, toda fría, toda oscura, huérfana de la pobre alma... ¡Yo no cerré

sus ojos, ni besé sus manos de cera! ¿Por qué al menos no me esperasteis para dar tierra a su cuerpo?

El capellán	Se corrompía todo, señor.

El caballero	¡Miseria de la carne!

El capellán	Los gusanos le corrían. Formaban nido en la cabeza y bajo los brazos.

El caballero	¡Miseria de la vida!

El capellán	Dijeron que se le había abierto la madre de los gusanos, la gusanera, como cuentan de un rey de las Españas.

El caballero	¿Dónde ha muerto? Quiero ver su alcoba. Allí estará su sombra, esperándome... Mis brazos de carne no podrán estrecharla... Pero las almas se abrazan, porque también son de sombra, y los vivos oyen a los muertos.

El viejo linajudo sale seguido del capellán. Después de un instante en torno del fuego, bajo la chimenea donde resuenan las risas del viento, comienzan a despertarse las voces de los mendigos, apagadas y llenas de misterio.

Dominga de Gómez	¡En una casa tan rica no haber pan en el horno!... ¿Vísteislo vosotros jamás de los jamases?

Andreíña	Comiólo quien tenía dientes.

El Morcego	Entonces no fuiste tú.

Andreíña	Fue quien sabía agradecello.

La mujer del Morcego	No te enciendas, criatura.

Dominga de Gómez	¡Ni harina ni grano en una casa tan rica!
El manco leonés	No parece que haya pasado la muerte, sino un turbión.
El pobre de San Lázaro	Las casas más grandes se consumen como los cirios del velorio, cuando los hijos se alzan contra los padres y pelean por las herencias.
El Morcego	¡Yo que esperaba comer compongo!
La mujer del Morcego	No la acertamos, Morcego.
Dominga de Gómez	La Gloriosa Santa Baya, mándanos tal castigo porque dejamos su romería.
El manco leonés	El señor amo, no olvidará la promesa que nos hizo.
El manco de Gondar	Siempre fue muy liberal.
El Morcego	¿No habrá nada que arrebañar por las alhacenas, Andreíña? ¿Algo habrán dejado los abades que cantaron el entierro?
Andreíña	Comiéronlo las ratas.

Asoman en la puerta de la cocina el Ciego de Gondar y el rapaz que le sirve de lazarillo. El ciego es un viejo de perfil monástico, con una capa tabacosa que le llega a los zuecos. La zampoña que lleva a la espalda le hace el bulto de una joroba, bajo la luenga capa. El lazarillo va cargado con las alforjas: Es un niño aldeano vestido de estameña, con la guedeja trasquilada sobre la frente con tonsura casi medioeval.

El ciego de Gondar	¿Hay licencia?

Andreíña	No la has menester.
El ciego de Gondar	¿Y un sitio al amor de la lumbre?
Andreíña	Si no es más que eso...
El ciego de Gondar	Y una fabla que he de tener contigo, Andreíña.
Andreíña	¿Una fabla?
El ciego de Gondar	Y muy secreta.
El Morcego	Así muerto me entierren, si no viene por pedirte promesa de casamiento. Darásnos los aguinaldos.
Andreíña	Vos daré asados los cuernos de una cabra.

La vieja criada llega adonde el ciego, y aparta con su diestra de bruja al lazarillo, empujándole hacia el hogar donde se agrupa la hueste mendicante. El Ciego de Gondar y la vieja se enredan en una plática que comienza en alta voz acaba en susurro de secreto.

El ciego de Gondar	Bien de mi corazón, allega si quieres, y si non non, que por el mundo sobran mujeres.
Andreíña	¡Valiente prosero!
El ciego de Gondar	Allega tu pico, paloma real, allega tu pico, que no soy gavilán.
Andreíña	Acaba de una vez, que se me va la lumbre.

El ciego de Gondar	Hermana Rebola, sopla en el lar. Nos, tras de la puerta, hemos de amasar, meter y sacar y dar de barriga. No riades, rapaces, que no hay picardía.

Celebran los mendigos aquellas clásicas burlas, y en tanto las glosan, la criada y el ciego hablan bajando la voz.

Andreíña	¿Qué hay?
El ciego de Gondar	Agora verás. Topábame sentado al abrigo de la capilla, en la misma puerta, y oigo golpes por la banda de dentro, respondo batiendo con el zueco, y escucho la voz de Don Farruquiño.
Andreíña	¿Tú dices verdad?
El ciego de Gondar	Está allí como prisionero, y mandóme que llegase secretamente a decírtelo para que vieses manera hablarle por la sala de la tribuna.
Andreíña	Toda estoy temblando. Los otros hermanos son capaces de matarme.
El ciego de Gondar	Yo cumplo con darte el aviso.
Andreíña	Agora mismo voy ver...

Andreíña sale de la cocina, y el ciego, tentando con el palo, se acerca al hogar, guiado por las voces de los mendigos que ahora comentan el naufragio de la barca de Aberlardo.

El ciego de Gondar	¿Habláis de esos cinco mozos ahogados?
Paula la reina	¡Es una compasión de Dios!

Dominga de Gómez	Inda no se sabe si han perecido los cinco.
El ciego de Gondar	En toda la largura de la playa solamente se oyen las voces de las mujeres y de las criaturas.
Paula la reina	¡Pobres almas, qué triste suerte les espera!
Dominga de Gómez	La misma que a todos nosotros. ¡Pedir una limosna por las puertas!
El ciego de Gondar	Por agora, la mar solo ha echado el cuerpo del patrón y el del rapaz.
La mujer del Morcego	¿De quién era el rapaz?
El ciego de Gondar	No sé decírvoslo.
La Rebola	Era el hijo más nuevo de la Garula.
El Morcego	¡Valiente borrachona está la madre!
El manco leonés	Hace bien. En el mucho beber no hay engaño, y el mejor amigo es el jarro.
El ciego de Gondar	Donde están todos los males es en el agua. ¡Mira si no el hijo! Lo que la madre no cató en toda la vida, lo achicó en una noche el cuitado.
Paula la reina	¡Ay, muerte negra!
El pobre de San Lázaro	¡Mejor está que nos!
Dominga de Gómez	El mundo solamente es para los ricos.

El pobre de San Lázaro El mundo no es para nadie. ¿Qué hace un rico si arrastra la cadena de una cativa enfermedad? El mundo es una cárcel escura por donde van las almas hasta que se hacen luz. El Señor Mayorazgo cuando poco hace te decía que torcieses el cuello a tu hijo, sin duda pensaba en todas las tribulaciones de su vida.

Dominga de Gómez ¡Miray que fue suerte la suya al desembarcar en aquella playa!

La mujer del Morcego ¡Naufragar todos y salvarse él solo!

El ciego de Gondar Al Señor Mayorazgo no lo quieren ni los arroases de la mar, ni los Demonios del Infierno.

El pobre de San Lázaro ¡Será para Dios Nuestro Señor!

Se oyen pasos en el corredor, y los mendigos callan. La Rebola echa en el fuego un haz de sarmientos que ahuman y chascan bajo las lenguas de la llama y una gran hoguera irrumpe de pronto. La hueste mendicante, con estremecimientos humildes, con un gesto sórdido, se agrupa en torno del hogar. Benita la Costurera asoma en la puerta y murmura la rancia salutación.

Benita la costurera ¡Alabado sea Dios!

Muchas voces ¡Por siempre bendito y alabado!

Benita la costurera ¿No está Andreíña?

La Rebola Agora vuelve.

Benita la costurera ¿Dónde anda?

La Rebola	Salió a un enredo.
Benita la costurera	Lo mismo tiene que seas tú. En un vuelo vas al horno de la Curuja... Es mandato del Señor Don Juan Manuel. Te llegas, y dices que toda la hornada la traiga a la casona, que es para repartir entre los pobres... A luego, subiráse vino de la bodega y mataránse doce palomas en el palomar.

Benita la Costurera se limpia los ojos enfermos con un trapo de hilo que trasciende a estoraque, y sale de la cocina. La hueste mendicante tiene un murmullo de gracias, en unas bocas triste y en otras bocas jocundo. Como un rezo en la boca llagada del leproso.

Escena cuarta

La capilla. Don Farruquiño aparece en el presbiterio, sentado en un escaño con espaldar de viejo y noble belludo, orlado por grandes clavos de bronce. Enfrente se abre el arco de la tribuna, donde se sume la figura negra y bruja de Andreíña

Andreíña	¡Toda estoy temblando, mi rey!
Don Farruquiño	¿Te dijo el ciego lo que habías de hacer?
Andreíña	Algo me dijo... ¡Mas los otros juraron segarme el cuello!
Don Farruquiño	Busca la llave, y me la echas...
Andreíña	No sé cómo lograrlo, pues la tiene el señor capellán.
Don Farruquiño	Se la robas.
Andreíña	¿Mas con qué engaño?

Don Farruquiño	Cuando duerma. ¿Él se acuesta contigo o con la Rebola?
Andreíña	¡Asús! ¡Qué picardías habla!... Ciego había de estar para condenarse con la Rebola! ¡Y lo que es conmigo! ¡Asús! Llevo muchos años a cuestas, cuatro onzas y un doblón, para que me tienten los Diaños... No diga esas picardías, mi rey, que un día le sale una avispa en la lengua... Yo le serviré con toda voluntad en aquello que pueda, y cuantas llaves hay en la casona veré de traérselas, por si alguna abre.
Don Farruquiño	Si no, tendré que salir poniendo fuego a la puerta.
Andreíña	Yo veré de servirle... Mas luego no olvide la promesa que me hizo de tener a una de mis rapazas como su ama.
Don Farruquiño	Ya te dije que si alcanzo un curato, me llevo a las dos.
Andreíña	Tanto no pido, ¡Asús!...

Se santigua la vieja encubridora, y el tonsurado segundón se pone en pie, y avizora hacia la puerta que comunica con la casona, una puerta pequeña en la sombra húmeda del muro de piedra, que rezuma. Se oye el rechinar de la llave. Don Farruquiño se esconde en el rincón más oscuro, y espera. La puerta se abre, y una sombra se aparta para dejar paso al Caballero. Otra sombra negra y bruja, huye de la tribuna.

El caballero	¡Señor capellán, por qué no está encendida la lámpara?
El capellán	Se habrá bebido el aceite alguna lechuza.
El caballero	Siento el volar de unas alas en esta oscuridad.

El capellán	Aquel ventanal tiene rotos los cristales, y como entra el viento pudo entrar la lechuza.
El caballero	Las alas que yo siento se abren dentro de mí.

Avanzan las dos sombras hacia el presbiterio. Sus pasos huecos, en la soledad de la capilla, tienen una vaga resonancia, las palabras un misterio de sombra.

El caballero	¿Dónde está enterrada?
El capellán	Esta losa la cubre, señor.
El caballero	Es preciso que la levantemos, Don Manuelito. ¡Quiero verla!
El capellán	Nuestras fuerzas no bastan, señor.
El caballero	¡Piedra, piedra, levántate!

Don Juan Manuel se arrodilla ante la sepultura, y entenebrecido, y suspirante, reza en voz baja. El capellán, en tanto, escudriña en la sombra con recelosa previsión. De pronto da una gran voz, grande y estentórea.

El capellán	¡Falta la lámpara!
El caballero	¡Trágame, tierra!
El capellán	¡No han sido lechuzas las que entraron aquí, fueron lobos!
El caballero	¡Ni una luz que alumbre tu sepultura, pobre Rusa! ¡Nada han dejado! ¡Rusa, pide por mí y por esos ladrones que

bebieron la leche de tus pechos! ¡Son nuestros hijos, María Soledad!

El capellán	¡Y no han temido la cólera divina!
El caballero	Y tampoco temen la mía, Don Manuelito!
El capellán	¡El Señor pudo enviar sobre sus cabezas un rayo que los aniquilase!
El caballero	Yo pude enviarles un tiro.
El capellán	¡Son como fieras!
El caballero	Son lobeznos, hijos de lobo.
El capellán	El Señor Don Juan Manuel nunca ha sido como ellos.
El caballero	¡Yo he sido siempre el peor hombre del mundo! Ahora siento que voy a dejarlo, y quiero arrepentirme. La luz que ellos apagaron se enciende en las tinieblas donde el alma vivía, y para que mi linaje, donde hubo santos y grandes capitanes, no lo cubran mis hijos de oprobio, acabando en la horca por ladrones, les repartiré mis bienes y quedaré pobre, pobre de pedir por las puertas... Ahora probemos entre los dos a levantar la sepultura... ¡Quiero ver a mi muerta!... ¡Acaso me hable!
El capellán	Esos son delirios, Señor Don Juan Manuel.
El caballero	¡Piedra, levántate!

El capellán	¡Don Juan Manuel somos viejos! Somos viejos y la vejez no tiene fuerzas. En otro tiempo no digo que no la hubiésemos levantado...
El caballero	Y ahora también.
El capellán	Somos viejos.
El caballero	Mayor peso llevo sobre los hombros.
El capellán	Y el que nunca se dobló, se dobla.
El caballero	Sí, me doblo, y solo anhelo dejar la vida, Don Manuelito.
El capellán	Ya tuvo el consuelo de rezar sobre la sepultura... Vámonos de aquí... ¿Mas, qué ruido fue ese?,..
El caballero	Conseguí mover la losa.
El capellán	¡Tiene los brazos de hierro!
El caballero	¡Me sangran las manos!
El capellán	Yo le ayudaré, señor. ¿Dónde hallaríamos algo con qué apalancar?
El caballero	En esta oscuridad, apenas se ve.

Recorre el capellán el presbiterio y la capilla. En el fondo oscuro, sus ojos saga-
ces descubren de pronto un bulto inmóvil, sin contorno ni faz, que simula la
vieja escultura de algún santo. Se acerca más. Alarga una mano en las tinieblas,
y antes de haber palpado, ya siente como un fulgor de adivinación. Es Don
Farruquiño.

El capellán	¡Ah!... Sacrílego, te había reconocido.
Don Farruquiño	Silencio.
El capellán	¡No bastaba el saqueo de la casa!
Don Farruquiño	Silencio... Hablaremos donde no esté mi padre.
El capellán	¿Cómo osaste tan impío latrocinio? ¿Cómo has entrado en este sacro recinto? ¡Habla!
Don Farruquiño	Quise dar paz a mi conciencia.
El capellán	¡Con un sacrilegio!
Don Farruquiño	Impidiendo que otros lo cometiesen. Sabía de cuánto mis hermanos son capaces, y entré aquí para impedirlo...
El capellán	¿Dónde están las alhajas de la capilla?
Don Farruquiño	Ya habían sido robadas...
El capellán	¡No mientas, perverso!

El Caballero desciende las gradas del presbiterio y avanza algunos pasos en la oscuridad de la capilla. La prócer figura, que tiene la vaguedad de un fantasma, parece crecer bajo la nave, y su voz resuena impregnada de grave tristeza, de una tristeza de patriarca y de guerrero. Los dos clérigos callan.

El caballero	¿Por qué te escondes, mal hijo?
Don Farruquiño	No me escondo, señor.

El caballero	¿Temes mi justicia?
Don Farruquiño	Quien está sin culpa, nada teme.
El caballero	¡Has apagado la única luz que ardía sobre la sepultura de tu madre!
Don Farruquiño	Si mi padre lo dice, será verdad.
El caballero	Eres solapado en las palabras como en las obras. ¡Defiéndete, al menos!
Don Farruquiño	Dios Nuestro Señor ha elegido mi cabeza inocente para que sobre ella caigan las culpas de otros.
El caballero	A mí no puedes engañarme... Llega y ayúdame a levantar la sepultura... No tardaré en morir, y si tardase os faltaría paciencia para esperar... Porque no acabéis en la horca he pensado repartiros mis bienes. Me heredaréis en vida... Llega y ayúdame... Si tienes hijos, ellos me vengarán... Los votos no te impedirán tenerlos. Llega para que podamos levantar la losa.
El capellán	Vamos, alma de Faraón.
Don Farruquiño	No reconozco a Don Juan Manuel.
El capellán	Tiene razón, cuando dice que va a morir.

Se llegan al presbiterio, se mueven vagarosos alrededor de la sepultura, tantean, se encorvan, y en silencio, con una rodilla en tierra, en un tácito acuerdo, comienzan a levantar la losa. Se les oye jadear. Cuando aparece el hueco negro, pestilente, húmedo, el viejo linajudo se inclina sobre él, y solloza con un sollozo sofocado y terrible de león viejo. El hijo, con los ojos nublados de miedo, se aparta.

Don Farruquiño   ¡No puedo más!

El capellán   Temo que a tu padre le dé un arrebato de sangre.

El caballero   ¡María Soledad, aquí estoy! ¡Háblame!

El capellán   Basta ya, señor...

El caballero   ¡Quiero ver su rostro por última vez!

El Caballero levanta la tapa del féretro y en la oscuridad de la cueva albean las tocas del sudario y destella la cruz colocada sobre el pecho, entre las manos yertas. El Caballero se inclina, y un aire de húmeda pestilencia, que le hace sentir todo el horror de la muerte, pone frío en su rostro.

El caballero   ¡María Soledad, espérame!... Tienes los ojos abiertos
                        y siento que me miras... Ahora me voy, pero vendré
                        pronto y para siempre a tu lado... ¡Dios!... ¡Dios!...
                        ¡Cativo Dios, por qué me llevaste a la Rusa!...

El capellán acude, y levanta el desfallecido cuerpo del Caballero. El hijo, más tardo por miedo o desamor, se acerca también y le ayuda. Casi en bravos le sacan de la capilla. Don Juan Manuel, en la puerta los hace detener y se arrodilla.

El caballero   ¡Abierta queda mi sepultura!... ¡Maldito quien intente
                        poner la losa antes de haber bajado yo a la cueva!
                        ¡María Soledad, espérame!

Escena quinta

La alcoba donde murió Doña María. En el fondo, bajo los cortinajes de damasco carmesí, que tienen algo de litúrgico, abandonada y fría aparece la cama antigua, de nogal tallado, lustroso. Don Juan Manuel está en el umbral de la puerta. Su hijo y el capellán le sostienen. El rostro pálido y la barba de plata se sumen en el pecho.

El caballero	Quiero morir aquí, en la misma cama donde murió aquella santa... He vivido siempre como un hereje, sin pensar que hay otra vida, y ahora siento una luz dentro de mí...
El capellán	Es la luz de la Gracia.
El caballero	Señor capellán, necesito la absolución de mis pecados para reunirme con mi mujer en el Cielo.
El capellán	Es menester que haga confesión de ellos.
El caballero	No tengo más que uno... ¡Uno solo que llena toda mi vida!... Haré confesión pública... Llamad a los criados... Que acudan todos... ¡Criados de mi casa!... ¡Hermanos que llegasteis aquí conmigo!... ¿Dónde estáis? ¡Quiere hacer confesión ante vosotros Don Juan Manuel Montenegro! ¿Dónde estáis? ¡Llegad todos!

El hijo y el capellán se interrogan con una mirada. En sus ojos asoma el mismo pensamiento, y se dicen si no ha pasado sobre ellos, en aquellas palabras, una ráfaga de locura. Los criados y los mendigos van llegando de la cocina con un rumor lento, ojos de susto, gesto de misterio, y se detienen sobre el umbral de la puerta.

Algunas voces	¡Ave María Purísima!

70

El caballero   ¡Cavada tengo la sepultura! He visto en mi camino a la muerte y están marcadas mis horas... Cuando echéis el cuerpo a la tierra, volved a poner la losa que han alzado mis manos, pero antes no. ¡Maldito sea quien lo intente!... Tú, mal hijo, no finjas dolor... Lleva a los otros la noticia, y celebradla juntos en la cueva de los ladrones, en el cubil de un lobo, donde nadie os vea. Cuanto era mío, mañana será vuestro, y el cuerpo que será de los gusanos, tendrá más noble destino... No lloréis vosotros, criados y hermanos míos, que estas puertas las hallaréis siempre francas, y, aunque fría, siempre sentiréis mi mano tendida hacia vosotros. ¡No dejo otra manda para que mis crímenes me sean perdonados, y he de alzarme de la sepultura si no fuese cumplida! No lloréis, y haced silencio, que quiero confesar mis pecados al señor capellán de mi casa. No tengo más que un pecado... ¡Uno solo que llena toda mi vida!... He sido el verdugo de aquella santa con la impiedad, con la crueldad de un centurión romano en los tiempos del emperador Nerón... Un pecado de todos los días, de todas las horas, de todos los momentos... No tengo otro pecado que confesar... La afición a las mujeres y al vino, y al juego, eso nace con el hombre... Pecado grande es haber sido verdugo de un alma y haber puesto en ella garfios encendidos en las hogueras del Infierno. ¡Los garfios que en las carnes de los condenados clava Satanás!... Y ahora me arrodillo para recibir la absolución... Señor capellán, la absolución, y la tuya también, mal hijo, ya que tienen esa gracia tus manos impuras. Absolvedme y después clavad esa ventana, clavad esa puerta, dejadme aquí como en un pozo, solo, para morir.

El capellán traza una cruz con su diestra sobre la cabeza del viejo linajudo, y el murmullo de los rostros aldeanos y mendigos, resplandeciente de fe, se eleva en una grave onda.

Escena sexta

Sobre la encrucijada de dos caminos aldeanos, un campo de yerba humilde salpicada de manzanilla, donde hay un retablo de ánimas entre cuatro cipreses. Es paraje en que hacen huelgo los caminantes, y retan las viejas, anochecido. Don Rosendo, Don Mauro y Don Gonzalito, descansan al pie de los cipreses, con los caballos del diestro. Más lejos un mozo aldeano deja pacer la yunta de sus vacas, y a lo largo de los caminos, que se pierden entre verdes y sonoros maizales, trotan cabalgadas de chalanes que van de feria, y cruzan graves y procesionales, viejos vestidos de estameña, con sus grandes bueyes de cobre luciente, hermosos como ídolos, con verdes ramos de roble en las testas.

Don Mauro	¿Dónde se habrá metido el clérigo?
Don Rosendo	En casa de alguna moza.
Don Mauro	A Pedro son muchos los que le han visto pasar solo. ¿Cómo se habrán separado?
Don Gonzalito	Reñirían al repartirse lo que nos robaron.
Don Rosendo	¡Lástima que no se matasen!
Don Mauro	Hay que volver por allá...
Don Gonzalito	Si ellos no nos ganan la mano.
Don Mauro	¡Haber olvidado la capilla!
Don Rosendo	Cuando se tiene una pena no se está para recordar...

Don Gonzalito	¡Pobre madre! Ella acudía a todos, y teníamos un amparo... ¿Pero ahora, qué será de nosotros?... Hemos amargado sus últimos momentos con nuestras disputas. ¡Somos como fieras!
Don Mauro	Lo hicimos de obligados. Si no lo hacemos, los otros bandidos nos dejan sin una hilacha.
Don Gonzalito	Pero es triste.
Don Mauro	Sí, lo es.

Por un momento los tres hermanos quedan silenciosos. Una tropa de chalanes llega y descabalga para descansar a la sombra de los cipreses, dejando libres los jacos en el verde y oloroso campo, que cruzan aquellos caminos aldeanos por donde se pierden huestes de mujerucas, viejas y mozas, que van al molino con maíz y con centeno. Los chalanes son siete: Manuel Tovío, Manuel Fonseca, Pedro Abuín, Sebastián de Xogas y Ramiro de Bealo con sus dos hijos. Oliveros, el mayor, tiene el noble y varonil tipo suevo de un hidalgo montañés. La barba de cobre, los ojos de esmeralda y el corvar de la nariz soberbio, algo que evoca, con un vago recuerdo, la juventud putañera de Don Juan Manuel Montenegro. Allá, en su aldea, la madre y el hijo suelen enorgullecerse de aquella honrosa semejanza con el Señor Mayorazgo. Y Ramiro de Bealo ha conseguido por ello que el viejo linajudo le diese en parcería cuatro yuntas, y en aforo las tierras de Lantañón.

Los chalanes	¡Santos y buenos días!
Los segundones	¡Santos y buenos!
Ramiro de Bealo	¿El Señor Don Mauro camina para su casa de Bealo?
Don Mauro	Para allá se camina.

Ramiro de Bealo	¿Tornan del entierro de la señora mi ama, que goce de Gloria?... ¡Dios les otorgue su santa conformidade!... ¿Por allá verían a la parienta? Cuando salimos para la feria, díjonos que tenía determinado acudir. ¡Por allá la verían! Nós hubiéramos cumplido como ella, de no hallarnos con un buey escordado, sin yunta para labrar la tierra... Si Dios nos mantiene con vida y salud, el domingo bajaremos a la villa para oír una misa y saludar al Señor Don Juan Manuel.
Don Mauro	Pues yo os digo que en la casa de mi padre hacéis vosotros la misma falta que los canes en la de Dios. Eso os digo.
Don Gonzalito	Harto habéis ordeñado esa vaca, y no penséis que por ser muerta mi madre...
Oliveros	Pues allá iremos, sin contar con su venia.
Ramiro de Bealo	¡Calla, rapaz! No muevas pleitos.
Oliveros	Hablo aquello que bien me parece, mi padre.
Don Rosendo	¡Lo malo será que te arranquen la lengua!
Oliveros	La defienden los dientes.
Ramiro de Bealo	Ten miramiento, rapaz.
Don Rosendo	Defensa de mujer.
Oliveros	Y de lobo.
Don Mauro	¡No te los haga yo dejar clavados en la tierra!

Oliveros	¡Mucho hablar es!...
Don Gonzalito	Si los quieres bien, no los saques al aire.
Oliveros	¡Mírenlos!

Oliveros muestra los dientes albos, jóvenes, fuertes, con un gesto lleno de violencia, que recoge los labios y los estremece con sanguinaria y primitiva fiereza.

Don Mauro	¡Dientes de hambre, no asustan!
Oliveros	¡Hambre de morder!
Don Gonzalito	Un mendrugo.
Don Rosendo	¡Cadelo sarnoso!
Oliveros	De su sangre me vendrá la sarna.
Ramiro de Bealo	Rapaz, ten miramiento, que son más que tú.
Oliveros	A ustede, tócale callar, mi padre.
Ramiro de Bealo	Que ellos son caballeros, rapaz.
Oliveros	De la nobleza que vengan, vengo yo.
Don Rosendo	Por detrás de la iglesia no hay nobleza, sino hijos de puta.
Don Mauro	Tú siempre serás el hijo de un cuerno de Ramiro de Bealo.

Oliveros	Ni de puta ni de cabrón soy nacido, ni nunca dos veces me lo dijeron.

El mosco chalán adelanta hacia los segundones blandiendo la luenga pica con que acucia y guía su vacada por llanos y veredas. Los otros chalanes, en bandería, se ponen a su lado, y la tropa de villanos cerca a los segundones.

Don Mauro	¡Para mí, tres!
Sebastián de Xogas	¡Allá va uno con quien será bastante!
Don Rosendo	¡No cejes, Gonzalo!
Oliveros	¡Miren estos dientes!...
Ramiro de Bealo	¡Rapaz, que me matan!... ¡Acude aquí!...
Don Mauro	¡Para mí, tres!

El segundón lanza su grito en medio del campo, como un gigante antiguo, desnudo y vencedor. A sus pies, con la cabeza abierta, muerden la yerba Sebastián de Xogas y Pedro Abuín. Los otros segundones casi sucumben bajo la acometida de todos los chalanes unidos.

Don Gonzalito	¡Siete contra tres!... ¡Miserables!
Don Rosendo	¡Como si fuesen setenta!
Oliveros	¡Yo para uno solo!

El mozo, siempre blandiendo su pica, va sobre Don Mauro. El bastardo y el segundón se miran frente a frente. Oliveros pálido por el ansia de la pelea, estremecido con el deseo del vencimiento, y el segundón fuerte, soberbio, con la cabeza desnuda y las manos rojas de sangre, como el héroe de un combate primitivo en un viejo romance de Castilla.

Oliveros   ¡Ahora verás si son buenos los hijos de puta!

Don Mauro   ¡Para mis galgos ha de ser tu lengua!

Se acometen los dos: El chalán blande su pica, y el segundón, con arrogante brío, sigue clavándole los ojos, puestas en alto las manos ensangrentadas, para guarnecer su cabeza desnuda. Restalla el golpe. Entre las manos del segundón queda la pica que vuela por los aires, luego, partida en dos. La lucha continúa brava, bella, rugiente. Los caballos, asustados, huyen arrastrando las riendas, y allá lejos, en medio de los caminos, relinchan. Manuel Tovío, Manuel Fonseca, Ramiro de Bealo y el menor de sus hijos acosan en cerco a Don Gonzalo y Don Rosendo. De pronto, entre el restallar de las picas sobre los cráneos y el cóncavo tundir de los puños contra los pechos, se levanta, como el claro canto de un gallo el grito de Don Mauro.

Don Mauro   ¡Para mí, tres!

Don Rosendo   ¡Ánimo, hermanos!

Don Gonzalito   ¡Ánimo!

Como una ráfaga, la hueste de chalanes siente el triunfo de los segundones. En un tácito acuerdo comienzan a cejar, sin vergüenza de ser vencidos por aquellos tres hidalgos.—¡Que para eso son hidalgos y señores de torre!—Oliveros, en tierra, de cara contra la yerba, ruge, sofocado por las manos del hercúleo segundón. El grito de Don Mauro es un claro clarín.

Don Mauro   ¡Para mí, tres!

Jornada tercera

Escena primera

Un rincón en la iglesia de Flavia-Longa. Llega como mosconeo, la voz desentonada y gangosa del abad, un exclaustrado sordo, que guía las Cruces en la Capilla de Jesús Nazareno. Una mujeruca del pueblo, que lleva el manteo a modo de capuz, suspira al terminar sus rezos y besa la tierra con la lengua. Es muy vieja, toda arrugada, con ese color oscuro y clásico que tienen las nueces de los nogales centenarios. Atraviesa la nave, y el lento arrastrar de sus madreñas cuenta sus años.

Aquella mujeruca sirve desde niña en la casa de Don Juan Manuel Montenegro: Es Micaela la Roja, que conoció a los difuntos señores cuando entró de rapaza de las vacas, por el yantar y el vestido. Ahora camina apoyada en un palo. Renqueando entra en una capilla con puerta de hierro, toda tristeza y herrumbre, y se acerca a una mujer que reza. Es Sabelita, que fue otro tiempo barragana del Caballero.

Con las cabezas juntas hablan quedo en aquella sombra húmeda que parece destilar oraciones, y dos velas se consumen en el altar, dos velas rizadas y pintadas como dos madamas.

La roja	¡Dábame mi alma que aquí la toparía!
Sabelita	No te ha engañado.
La roja	Cuando remate sus obligaciones, tiene de venirse conmigo.
Sabelita	¿Adónde?
La roja	A la casona.
Sabelita	Roja, no quiero verlos más, ni al padre ni a los hijos...

La roja	A los rapaces, no digo... Mas al señor mi amo fuerza es que le vea. Cordera, por ese mor vengo procurándola. Está el cuitado como adolecido desde que tuvo el primer anuncio, que fueron las luces de la Santa Compaña.
Sabelita	¿Vio a la Santa Compaña?
La roja	Sí la vio... Era una hueste muy luenga de ánimas en pena, todas vestidas de blanco. Pareciósele de noche en el Campo de la Iglesia.
Sabelita	¡Allá, en Viana!
La roja	¡Y en la misma hora que dejaba el mundo Doña María!... El marinero con la carta llegó después... Don Galán bajó conmigo a franquealle la puerta.
Sabelita	¿Vosotros vinisteis con Don Juan Manuel?
La roja	Nosotros vinimos por tierra. ¡Ay, cuidé de no llegar! El señor mi amo, embarcó solo en la barca que luego fue náufraga.
Sabelita	¡Qué desgracia tan grande! Recemos una Salve por el descanso de esos pobres marineros ahogados.
La roja	Estaba de Dios que ellos pereciesen y que el amo se salvase.

Las dos rezan a media voz, con un bisbiseo devoto y confuso, que se junta en las sombras de la capilla al chisporroteo de las velas. Las dos inclinan las cabezas y ponen en blanco los ojos para poder ararlos al altar, desde donde responde a su mirada, la mirada extática de una Dolorosa. El parpadeo de las luces da una apariencia de vida al cerco amoratado de aquellos ojos, a la boca

dolorida, a las mejillas con dos lágrimas de cristal. Sabelita y la vieja se santiguan al terminar su rezo.

La roja	Pronto cerrarán la iglesia. ¡Vámonos!
Sabelita	Yo, no...
La roja	Es una obra de caridad que acuda a llevarle un con-suelo.
Sabelita	Tú sabes que no puede ser...
La roja	Agora es solamente un pecador arrepentido.
Sabelita	¿Qué dice?
La roja	Con nadie habla y a nadie quiere ver. Encerrado en la alcoba donde murió la santa, se oyen sus pasos, que vienen y que van... Cuando alguien se acerca requiere la escopeta y amenaza con matarle.
Sabelita	¿Tú no le has visto?
La roja	No, cordera. Su pensamiento es dejarse morir de hambre.
Sabelita	¿Y qué puedo hacer?
La roja	Venir a suplicarle.
	No oirá mi voz.
La roja	Es la sola que oirá... ¡No puede ser que le deje morir solo, como un can!

Sabelita	¡Yo no sé qué hacer!
La roja	¿Qué le dice su corazón?
Sabelita	¡Me dice tantas cosas encontradas!
La roja	¿Y ninguna grita más fuerte?
Sabelita	¡Ah, sí!
La roja	¿Por qué no obedece esa voz.
Sabelita	¡Temo el pecado!...

Sabelita se santigua, y la rosa marchita de su boca se estremece con el murmullo de un rezo. Sus ojos se clavan en el altar, y las dos velas que lloran sin consuelo sobre las arandelas de cristal, al alma llena de supersticiones milenarias le fingen dos mujeres desnudas que se consumen en llamas, no sabe si las del pecado, si las del infierno. Un viejo de guedejas blancas trina la iglesia agitando algunas llaves en manojo.

La roja	Vámonos, cordera, que ya San Pedro anda tocando los fierros.
Sabelita	Vámonos...
La roja	¿No le acordó una resolución la Santísima Virgen?
Sabelita	No.
La roja	¿Sigue batallando con sus dudas?
Sabelita	¡Ay, Jesús!

Salen de la iglesia. En el cancel esperan las viudas de los náufragos para tratar del entierro con el señor abad. Es un grupo de mujeres que huelen a marinada, con los ojos encendidos y las greñas flojas, con los vestidos húmedos, pardos, de una tristeza salobre, restos de otros lutos.

La roja	El Señor Don Juan Manuel dispuso que se diese a cada viuda una carga de maíz. ¡Fue la sola cosa que habló!
Sabelita	¡Vamos allá!
La roja	¡Dios te lo premiará, mi hija!

Escena segunda

Una antesala en la casona. Andreíña hila y otros criados desgranan maíz, a la redonda de una cesta colmada de mazorcas. Hablan en voz baja, atentos a los pasos que vienen y van en la alcoba donde murió la señora ama. La puerta está cerrada, y de tiempo en tiempo alguno de los criados se acerca sin ruido y escucha. Los otros callan contemplándole, y cuando se les junta, otra vez comienza el cálido susurro de la conversación. Y el rumor de los pasos que vienen y van, parece marcar todos los gestos y todas las actitudes de aquellos criados que desgranan mazorcas en la antesala oscura.

Andreíña	¡Tal como agora veis, de día y de noche!...
El rapaz de las vacas	¡Por la noche se oían sus lamentos!...
La Recogida	¡Una voz de desespero que llenaba toda la casa!
Andreíña	¡La voz del enemigo que tenía en el cuerpo, y turraba por salir!...
La Rebola	¡Ave María!

Don Galán	¡Ahí lo tenéis arrepentido como un fraile, por lo mucho que hizo sufrir a la señora ama!
La Rebola	¿Y dejárase morir de hambre!
Don Galán	Antes rabiará.
La Rebola	¡Ni que fuera can!
El rapaz de las vacas	¡Tengo dolidas las manos! ¿Desgrana bien ese carozo, Rebola?
La Rebola	Hace él solo la labor.
El rapaz de las vacas	Yo no atopo uno bueno.
La Rebola	Éste lo tuve en el lar, por mor que endureciese.
Don Galán	Si me lo regalas, te doy palabra de casamiento.
Andreíña	¿Y ha de ser ella quien te dé el carozo?
El rapaz de las vacas	¡Nunca tal vi, ser la mujer quien lleve el carozo!
Don Galán	Así juntábamos dos. ¡No tenéis oído que cuanto más, más gracia de Dios!
Andreíña	¡Gran maricallo!

Doña Moncha entra en la antesala, y los criados al verla, callan, aparecen graves, con algo de sombras en la vastedad de aquella antesala oscura. No se distinguen los rostros, son los ademanes de una rara lentitud y las figuras parecen vestir túnicas de niebla.

Doña Moncha	¿Se oyen sus pasos?
Andreíña	Sí, señora.
Doña Moncha	¡No descansa!...
Don Galán	¡Tiene un verme que le roe y no le deja!
Andreíña	¡Como si estuviese ya difunto, róele un verme!

Se acerca Doña Moncha a la puerta y escucha. Los pasos se alejan. Espera. Los pasos retornan ya. Doña Moncha pulsa tímidamente en la puerta. Todos callan y esperan.

Doña Moncha	¡Tío!... ¡Tío!... ¡Que se está matando ...¡Tío!... ¡Tío!... ¡Que es un pecado lo que hace! ¡Tío!... ¡Tío!...
Andreíña	¡No contestará!
El rapaz de las vacas	¡Hállase firme en dejarse morir de hambre!
Don Galán	¡Está adolecido!... ¡Tiene el alma ausente!...

Sin ruido, lentamente, Doña Moncha se aparta de la puerta y se sienta entre los criados a desgranar espigas. Se oye alguna voz apagada, y el alarido del viento y las pisadas que vienen y van. Desgranada una cesta de mazorcas, traen otra. En la antesala vaga ahora una sombra negra, la sombra del capellán.

El capellán	Los pasos no dejan de oírse ni de día ni de noche.
Doña Moncha	¡Ni de día ni de noche!
El capellán	¡Concluirá por enloquecer!

| Doña Moncha | ¡Enloquecido está ya! |
| | |

| El capellán | ¡No debíamos dejarle! |
| | |

| Doña Moncha | ¡Pobres de nosotros, qué podremos hacer!... Yo tiemblo cuando me acerco a esa puerta. |
| | |

| Don Galán | ¡Tiene un verme que le roe! |
| | |

| Andreíña | ¡Como si estuviera ya difunto, cómele, cómele!... |

El capellán se acerca a la puerta y pulsa con los artejos. Espera un momento, y como ninguna voz responde, vuelve a pulsar. Los pasos vienen y van.

| El capellán | ¡Señor Don Juan Manuel!... ¡Señor Don Juan Manuel!... ¡Dios nos manda tener valor! Debemos conservar la existencia como un don precioso, y amarla a pesar de sus espinas... |
| | |

| Andreíña | ¡No responderá! |
| | |

| La Recogida | ¡Es como un rey, y a nadie escucha! |

La sombra del clérigo vuelve a vagar por la antesala. Los criados comentan en voz baja, graves, lentos, reunidos a la redonda de la cesta llena de mazorcas, y sus voces supersticiosas, parece que van en la oscuridad, de un misterio hacia otro misterio. Y los pasos vienen y van.

| Andreíña | ¡Y así día y noche! |
| | |

| La Recogida | ¡No descansa! |
| | |

| Don Galán | ¡Ya tendrá su descanso, y qué luengo será! |

La Recogida	¡Para siempre!
El rapaz de las vacas	¡No escucha ninguna voz!
Andreíña	¡Ya escuchará la de Nuestro Señor!
La Recogida	¡Esa todos los nacidos la escuchamos!
Andreíña	¡Es más fuerte que el huracán!
El rapaz de las vacas	¡Y más que los truenos!
Don Galán	¡Y más que el broar de la mar!
La Recogida	Esta noche no dejó de oírse la mar de Corrubedo.
La Rebola	¡Dicen que se oye en la redondez de quince leguas!
Andreíña	¡En toda la redondez del mundo óyese la voz de Nuestro Señor!

Cesa de pronto la glosa de los criados que hacen rueda desgranando mazorcas. Artemisa la del Casal, moza blanca y rubia, briosa y rozagante, con manteo cercado de velludo y capotillo mariñán, acaba de aparecer en el umbral de la antesala. Se la tiene por hija bastarda del Caballero. Trae de la mano a un niño de ojos picarescos, que se tambalea sobre los zuecos blancos, que muestran no haber pisado la tierra. Un tirante amarillo cruza el pecho del rapaz con la prosapia de una banda, y sujeta el calzón de pana, que no llega a los zuecos. En una mano sostiene el gorro catalán, que aún tocaba su cabeza al parecer en la antesala, en la otra estruja una rana viva.

Artemisa	¡Santas y buenas noches! Saluda, Floriano.

El niño	¡Bendito y alabado sea el Santísimo Sacramento del Altar!...
Artemisa	Besa la mano al señor capellán. Besa también la mano a Doña Moncha.
Doña Moncha	¿Qué os trae?
Artemisa	Saber si ha tenido mudanza el señor.
El capellán	Parece resuelto a dejarse morir.
Artemisa	¡La Santísima Virgen de Gundarín no lo permitirá!
Andreíña	¿Y si lo quiere así la Santísima Virgen?
Don Galán	¡Tópanse con gana de pleitos en el Cielo!
Artemisa	Todo el día estuve con cuidado, y el pequeño, como sentíame suspirar, habían de ver qué consuelos me daba. ¿Y sigue de la misma conformidad el señor?
Doña Moncha	De la misma.
Artemisa	¿Por qué le dejan así? Acabará por subírsele toda la sangre a la cabeza.
Doña Moncha	Háblale tú a ver si te responde. ¡Yo tiemblo de acercarme a esa puerta!

Artemisa la del Casal, se acerca a la puerta con el niño de la mano. En la alcoba los pasos vienen y van obstinados y extraños como el pensamiento de los locos. Artemisa atiende algunos momentos.

Artemisa	¡Pasea en la oscuridad!
El capellán	Al entrar en la alcoba, mandó clavar las ventanas.
Artemisa	¡Señor!... ¡Señor!... ¿Ya no me conoce? ¡Soy Artemisa!... ¡Señor, franquee la puerta! ¡Por el alma de aquella santa! ¡Señor, que soy Artemisa!

Las pisadas que vienen y van dejan de oírse y la puerta se abre con estrépito. En el umbral, sobre el fondo oscuro de la alcoba, aparece la figura de Don Juan Manuel Montenegro. Tiene un fulgor de cólera en las pupilas, en las manos de marfil añoso la escopeta, y su barba se derrama sobre el pecho, trémula y blanca.

El caballero	¡Será preciso que mate a uno! ¡No me dejaréis morir en paz!... ¡Malditos todos, que llegáis a esta puerta y no respetáis mi dolor! ¡Yo también seré maldito, porque vosotros no me dejáis morir arrepentido! ¡Mis horas están contadas!... ¡Tengo ya la sepultura abierta! ¡Dejadme! ¡Toda la noche han aullado los perros!... ¡Cierro los ojos para morir, y vuestras voces me despiertan!... ¡Sois como las hienas, que desentierran a los cadáveres!... ¡Tendré que mataros!... ¡Dejadme, hienas y lobos y escorpiones!... ¡Dejadme que muera y que la tierra caiga a puñados sobre mis ojos!...

El viejo linajudo atraviesa la antesala y huye por el largo corredor lleno de resonancias. Todos se miran en silencio, con ojos de susto, se acercan, uno a uno, al umbral de la alcoba que hiede a muerte. Allí agrupados dudan de entrar, como si continuasen oyendo aquellos pasos obsesos y viesen la sombra, en la sombra ir y venir.

Artemisa	¡Espanto en el alma me pusieron sus palabras!

Doña Moncha	¡Son bien de espantar!
La Recogida	¡Quiere morir!
Andreíña	¡Y buscará la muerte!
Artemisa	¡Y condenará su alma!
La Recogida	¡Adónde irá!
Don Galán	¡Si no le temiere, iría tras él!
El capellán	¡No acosemos al león!... Si nuestros ojos no pueden seguirle, que le sigan nuestras oraciones.

El capellán pasea la estancia de uno a otro testero, con un murmullo de rezo, y los criados, reunidos a la redonda de la cesta colmada de mazorcas, hablan en voz baja. De pronto se oyen pisadas de caballos refrenados ante el portón.

Doña Moncha	¿Qué será en tal hora?
El capellán	Los lobos que bajan del monte. ¿Quiénes pueden ser sino los hijos?...
Don Galán	Llegan para repartirse la herencia.
Artemisa	¡Pronto tuvieron noticia!...
Don Galán	¡Alguna bruja!...
Andreíña	¡De hoy son nuestros amos.

Escena tercera

Don Juan Manuel Montenegro cruza una y otra calle, calles angostas asombradas por altas tapias, sobre las cuales ya se derrama una higuera, ya descuella un ciprés. ¡Viejas calles de una vieja villa feudal, con iglesias, con caserones, con huertos conventuales! De los negruzcos aleros gotea la lluvia, y en las angostas ventanas que se abren debajo asoma el contorno de un gato, alguna rara vez.

El caballero   ¿Dónde esperar la muerte sin que me acosen con sus voces?... ¿En qué oscura cueva de lobo o de león iré a esconderme?... ¡No hallo paz en la vida! ¡Fui pastor de lobos y ahora mis ganados me comen ¡Engendré monstruos y estoy maldito! ¿Por qué de aquel vientre de mujer santa salieron demonios en vez de ángeles con alas? ¡Estaba maldito el sembrador! ¡Estaba maldita la simiente! ¡Muerte, no tardes! ¡Sácame de este pozo de sierpes y dame a tus gusanos!... ¡Que me coman tus hijos, pero no los míos! ¡Muerte, no tardes! ¡Dios, si por mis pecados no me quieres, deja que me arrebate Satanás!

El Caballero cruza ante dos mujeres que se asustan del encuentro. Pasa sin verlas y solamente se detiene cuando le llaman con plañideros gritos. Entonces reconoce a la vieja criada y a Sabelita.

La roja   ¡Señor mi amo, adónde camina en esta hora?

Sabelita   ¡Don Juan Manuel! ¡Madre de Dios!

La roja   ¡Señor, adónde camina con la blanca cabeza descubierta a la lluvia?

El caballero   ¿De qué infierno habéis salido? ¿Por qué me detenéis? ¿Por qué me habláis cuando huyo de vuestras voces?...

iIsabel, qué me quieres? iMe abandonaste un día y ahora vuelves a mí, acompañada de una bruja! ¿De qué infierno sales, Isabel? ¿Cuál es tu nombre ahora?

Sabelita   iSoy Isabel, señor!...

El caballero   iEl Demonio no te llama Isabel!... iEl Demonio te llama voz de mentira, cuervo de ingratitud, sierpe de hipo-cresía, brasa de lujuria! iSolo la santa de quien fuimos verdugos te llama Isabel! iAy, para ella todos éramos sus hijos!... iPero Satanás no tiene en los labios el amor de aquella boca ya muda!... iIsabel, tú para mí te llamas remordimiento, y esa as bruja, bruja!

Desaparece el Caballero en la sombra. Las dos mujeres, asustadas, no se atreven a seguirle. Por algunos momentos se oyeron pasos en la soledad de la calle. iHuecos y resonantes pasos! El Caballero baja a la playa. El viento bordonea en el mar.

El caballero   iMar, tus olas no se abrieron para tragarme!... iQuisiste aquellas vidas y no quisiste la mía! iSi me tragases, mar, y no arrojases mi cuerpo a ninguna playa! iSi me sepultases en tu fondo y me guardases para ti!... iNo me quisiste aquella noche, y soy más náufrago que esos cuerpos desnudos que bailan en tus olas!... iTengo la pobreza y la desnudez y el frío de un náufrago! iNo sé adónde ir!... iSi la muerte tarda, pediré limosna por los caminos!... iY el mar, aquella noche, pudo caer sobre mi cuerpo, como la tierra de la sepultura, y no me quiso!... iYa soy pobre! iTodo lo he dado a los monstruos! iMi alma en otra vida, aquella vida de que huyo, también fue un mar, y tuvo tempestades, y noches negras, y mons-truos que habían nacido de mí! iYa no soy más que un mendigo viejo y miserable! iTodo lo he repartido entre mis hijos, y mientras ellos se calientan ante el fuego encendido por mí, yo voy por los caminos del mundo, y un día, si tú no me quieres, mar, moriré de frío al pie de un árbol tan viejo como yo! ¡Las encinas que plantó mi mano no me negarán su sombra, como me niegan su amor los monstruos de mi sangre!...

A lo largo de la playa bajan tres negras figuras. Sobre sus hombros se alarga un palo, que allá en su extremo parece levantar hacia la Luna en dos cuernos, la dentadura de una vieja. Las tres figuras negras van delante del Caballero. De tiempo en tiempo se detienen, y sobre las olas crestadas de espuma alargan sus varales, y los dientes de bruja que se abren al extremo desaparecen sepultos en el mar. El Caballero pasa por entre aquellas figuras que, asombradas, le reconocen. Son tres mendigos que en las noches de resaca catean por la playa buscando los tesoros de un naufragio. El viejo linajudo también reconoce aquellas sombras. El Morcego, la coima, y un loco que se llama Fuso Negro.

El caballero	¿Qué trasgo o qué bruja os ha convocado aquí?
Fuso Negro	La Luna...
La mujer del Morcego	Buscamos los tesoros de una gran nave que venía no se sabe de dónde...
El Morcego	Un gran bergantín, que naufragó en la mar de Corrubedo.
La mujer del Morcego	Pudiera suceder que las olas tuviesen más caridad que algunos corazones, y esta noche nos arrojasen alguna cosa, remedio de nuestra pobreza.
El caballero	¡Las olas no tienen caridad!
La mujer del Morcego	Para muchos la tuvieron...

El Morcego	Y no hay otra playa como esta, adonde salgan tantas tablas de navíos.
La mujer del Morcego	Y por veces cosas de gran riqueza...
Fuso Negro	Plata fina, y joyas...
El caballero	¡Y también algún ahogado comido de los peces!
Fuso Negro	Hace años salió el cuerpo de un rey con su corona de oro y pedrería... Traíala tan bien puesta, que no se le pudo arrancar y fue menester cortarle la cabeza...
El caballero	¡Con cuántos náufragos no habrá hecho lo mismo vuestra codicia!
Fuso Negro	Aquel era un rey de morería. La sangre que le manaba del cuello era negra.
El caballero	Si yo hubiera naufragado aquella noche, vosotros también habríais segado mi cabeza, aun cuando no llevase una corona. Se la venderíais a mis hijos y os la pagarían bien.
La mujer del Morcego	¡No diga, tal señor!
Fuso Negro	Se la presentaríamos en una fuente de plata cuando estuviesen sentados a la mesa.
El caballero	Y se la comerían como un rico manjar.

94

Fuso Negro	Don Pedrito diría: ¡Yo quiero la lengua! Don Gonzalito diría: ¡Yo quiero los ojos! ¡Y cómo le habían de chascar bajo los dientes!
El caballero	¡Y se matarían disputándoselos!
Fuso Negro	Los huesos serían para los canes.
El caballero	Los canes no comen a los amos.
La mujer del Morcego	¿Y pueden los hijos comer a los padres, mi señor?
El caballero	¡A mí me comieron el corazón!
Fuso Negro	Aun cuando lo arrancaren del pecho con los dientes, vuelve otro a nacer. Retoña como un verde laurel... ¡No hay que tener miedo!
La mujer del Morcego	Solo lo come de raíz, el verme de la muerte. En tanto dure la vida, es como una fontela donde todos acuden a beber y nadie la seca.
El Morcego	Una fontela tiene agua para todas las sedes.
El caballero	¿Y no habéis visto fuentes secas?
El Morcego	En tiempo de calores.
La mujer del Morcego	Mas aquéllas habíalas secado el Sol, y no la boca de un sediento.
Fuso Negro	Los lobos que quieren beberse toda el agua de las fuentes, mueren como odres reventadas.

El caballero	¿Por qué habéis dicho que el corazón es como una fuente? En las fuentes se envenenan las aguas, y mueren los que beben de ellas...
El Morcego	¡También el corazón tiene su ponzoña!
El caballero	Pero no la vierte en las bocas que le muerden, sino que las recibe de ellas.
Fuso Negro	El corazón es como la niña del ojo. Adonde mira aquello tiene en el fondo. Unas veces fuente, y otras roquedo... Unas veces los dientes arregañados de un lobo, y otras un resplandor.
El caballero	¿Por qué dirán que estás loco, Fuso Negro?
La mujer del Morcego	Dícelo él, por no trabajar.
Fuso Negro	Lo dicen los rapaces por poder tirarme piedras. En todas las villas tiene de haber un loco y un mayorazgo.
El Morcego	Ya baja la marea. Hoy las ondas no quisieron hacer nuestra suerte.
La mujer del Morcego	¡Si la hace con una limosna el señor mayorazgo!...
El caballero	He llegado a ser tan pobre como vosotros. Si no tuviese abierta la sepultura, tendría que ir en vuestra caravana por los caminos, mendigando el pan. La muerte ya marcó mis horas, y para poder morir en paz, he abandonado a mis hijos todo cuanto tenía.
La mujer del Morcego	¿Y adónde va en esta noche?

El caballero	Ya os dije que voy a morir.

La mujer del Morcego	La muerte viene sin que la llamen. ¡No la busque que es muy grande pecado, señor!

El caballero	No la busco... ¡La espero porque me fue anunciada!... Un gran cirio, todo de luz, se ha encendido dentro de mí, y me guía y me alumbra. He visto en abismos donde solo se ve cuando se tiene cavada la fosa. He aprendido, al final de mis días, que todos debemos tener por lecho de muerte un muladar, y voy a él. La tierra ha de dármelo, mucho antes que el mar, a vosotros, esos tesoros de naufragios que buscáis...

El caballero se aleja lentamente. Los tres mendigos le miran desvanecerse entre los roquedos de la playa. La Luna parece agigantar la figura del viejo hidalgo y poner un nimbo en su cabeza blanca y desnuda.

Escena cuarta

Una costa brava ante un mar verdoso y temeroso. Lomas de arena, con pinares desmedrados en lo alto, y en la bajada un charcal salobre, donde blanquean los y huesos de una vaca. Larga bandada de cuervos revolotea sobre aquella carroña, bajo un cielo gris de amanecer. En el fondo de una caverna socavada por el mar, el viejo linajudo espera la muerte como un viejo león. Ante sus ojos nublados ve aparecer la sombra de Fuso Negro

Fuso Negro	¡Tou! ¡Tou! ¡Tou!... Ya somos dos.

El caballero	¡Tampoco aquí podré estar solo para morir en paz!...

Fuso Negro	El señor mayorazgo tiene sus palacios y su cama con dosel... Aquí haránsele llagas las costas... Para el cuerpo de los señores es muy duro el cocho de Fuso Negro.

El caballero	¿Duermes en esta cueva?
Fuso Negro	Unas veces duermo y otras veces velo.
El caballero	¡Yo te pido que me dejes morir aquí!
Fuso Negro	¿Quiere hacerse ermitaño el señor mayorazgo? Iráse el loco a reinar en sus palacios. Tendrá su manto de una sábana blanca y su corona ribeteada de papel. Tendrá su mesa con pan de trigo y cuatro odres haciendo una cruz. El uno de vino del Rivero, el otro de vino de la Ramallosa, el otro de vino blanco Alvariño y el otro del buen vino que beben los abades en la misa, y si parida, el ama en la cama. ¡Iráse el loco a los palacios del señor mayorazgo!
El caballero	Ya no tengo palacios. Todo lo he repartido entre mis hijos para que no acabasen en la horca y fuesen deshonra de mi linaje. ¡Todo lo di!
Fuso Negro	¡Tou! ¡Tou! ¡Tou!... ¡Ya somos hermanos!
El caballero	Un ángel y un demonio me están abriendo la sepultura, a la luz de un cirio. El ángel cava, el demonio cava... Uno a la cabecera, otro a los pies... El demonio con una guadaña, el ángel con una concha de oro. ¿No los ves, hermano Fuso Negro? El ángel cava, el demonio cava... Uno a la cabecera, otro a los pies...
Fuso Negro	El ángel cava, el demonio cava... ¡Bien que los veo! El demonio agora enciende un cigarro con un tizón que saca del rabo.
El caballero	¿Tú lo ves, Fuso Negro?

Fuso Negro	¡Sí que los veo!
El caballero	¿Estás seguro?
Fuso Negro	¡Sí que los veo!
El caballero	Yo dudaba que fuese delirio de mis sentidos... Apenas distingo tu sombra en esta cueva. He venido aquí para morir... Fui toda mi vida un lobo rabioso, y como lobo rabioso quiero perecer de hambre en esta cueva... Hermano Fuso Negro, me cortarás la cabeza y se la llevarás a mis hijos. Verás cómo te visten de seda esos monstruos nacidos de mi sangre.
Fuso Negro	¿Cuántos son?
El caballero	Cinco.
Fuso Negro	¡Cinco cirios, cinco rabos, cinco demonios coronados!
El caballero	¡Demonios son!
Fuso Negro	Hijos del Demonio Mayor, que cinco veces estuvo en la cama con aquella que ya dejó el mundo.
El caballero	¡No la nombres, boca miserable! ¡Boca de escorpión! ¡Boca de serpiente!
Fuso Negro	¿Ya no somos hermanos?... ¡Y todo porque le cuento las burlerías del Demonio Mayor! Los cinco mancebos son hijos de su ciencia condenada. ¡Arreniégola! ¡Arreniégola!... De la su mano derecha a cada cual dióle un dedo con su uña, para que rabuñasen en el corazón

de mi hermano el señor mayorazgo. Hermano de este día, por parte de los caminos, y de pedir por las puertas, y de la cueva para morir... Hermano de este día... ¡Tou! ¡Tou!... Van por un camino toda la vida los hermanos y no se reconocen... Van por un camino. ¡Tou! ¡Tou! ¡Tou!

El caballero   ¡Hermanos todos, todos hijos de Satanás! ¡Y no se reconocen!...

Fuso Negro   También hay los hijos de Dios Nuestro Señor...

El caballero   Todos hermanos por parte de la tierra, que es nuestra madre. ¿Tú dices que mis hijos tienen un dedo de Satanás? Todos los tenemos para robar, para matar, para hacer una higa...

Fuso Negro   Los cinco mancebos son hijos del Demonio Mayor. A cada uno le hizo un sábado, filo de media noche, que es cuando se calienta con las brujas, y todo rijoso, aullando como un can, va por los tejados quebrando las tejas, y métese por las chimeneas abajo para montar a las mujeres y empreñar las con una trampa que sabe... Sin esa trampa, que el loco también sabe, no puede tener hijos... Y las mujeres conocen que tienen encima al enemigo, porque la flor de su sangre es fría. El Demonio Mayor anda por las ferias y las vendimias, y las procesiones, con la apariencia de una moza garrida, tentando a los hombres. Frailes y vinculeros son los más tentados. ¡Ay, hermano, cuántas veces habremos estado con una moza bajo las viñas sin cuidar que era el Demonio Mayor de los Infiernos! El gran ladrón se hace moza para que le demos nuestra sangre encendida de lujuria, y luego, dejándonos dormidos, vuela por los aires... Con la misma apariencia del marido se presenta a la mujer y se acuesta con ella. ¡Cata la trampa, porque entonces tiene la calor del hombre la flor de su sangre y puede empreñar! Al señor mayorazgo gustábanle las mozas, y por aquel gusto el Diablo hacíale cabrón y se acostaba con Dama María.

El caballero   Yo no soy cabrón.

Fuso Negro   El Diablo púsole sus cuernos.

El caballero   Tendrían que ser cabrones todos los hombres para que lo fuese Don Juan Manuel Montenegro.

Fuso Negro   ¡Todos lo son, y por eso está lleno el mundo de hijos de Satanás!

Aquí Fuso Negro saca un mendrugo de entre la camisa y comienza a roerlo, con la mirada adusta y obstinada. El Caballero cierra los ojos y se recuesta sobre las algas que sirven al loco de carnada. Se oye el bordón del viento y el tumbo de las olas en la playa. El Caballero suspira sin abrir los ojos.

El caballero   ¿Tienes hambre, hermano Fuso Negro?

Fuso Negro   Los vinculeros y los abades siéntanse a una mesa con siete manteles, y llenan la andorga de pan trigo y chicharrones. Luego a dormir y que amanezca. ¡Jureles asados!... ¡Sartenes sin rabos!... ¡Una vieja con los ojos encarnados!... El loco tiene siempre hambre!...

El caballero   ¡La furia de tus dientes me desvela!

Fuso Negro   ¡Es duro como un hueso este rebojo!

El caballero	¡Yo hace dos días que no como, y toda el hambre dormida se despierta oyéndote roer!...
Fuso Negro	¡Parezco un can!
El caballero	¿Es el mar o son tus dientes en el mendrugo?
Fuso Negro	¡Cómo broa el mar!
El caballero	¡No sé si el mar, si tus dientes, hacen ese gran ruido que no me deja descansar y se agranda dentro de mí?
Fuso Negro	¡Es la voz de la cueva!

El Caballero se tiende sobre las algas que sirven de camada a Fuso Negro. En la concavidad del escabón parece aletear un gran pájaro invisible que acordase su vuelo con la voz del viento y el tumbo de las olas. La cortina ceniciienta de la lluvia ondula en el claro de in que recorta la boca de la cueva. Algunas sombras llegan a cobijarse y se agrupan en el umbral, alentando afanosas de la carrera. Aquellas figuras que huyen del nublado se destacan por oscuro sobre el fondo del mar tendido de espuma. Son cuatro niños descalzos, con los pelos crespos, y una mujer de luto.

La mujer	¡Tiempo de aguas!... ¡Tiempo de tormentas!... ¡Tiempo maldito!... ¡Miseria para los pobres!... ¡Lutos y hambres!... ¡Cúbrese el Sol!... ¡Sentarvos en la tierra a descansar, mis hijos!... ¡Aún hemos de ir mucho por este arenal!... ¡Vos dolerán los pies si no descansáis!... ¡Repartirvos ese pan!... ¡Tiempo de tormentas!... ¡Tiempo de dolor!...
Fuso Negro	Si tuviésemos un amparo de leña encenderíamos una hoguera.

La mujer	No se distingue en esta oscuridad... ¿Eres tú, Fuso Negro? Si bajaste por este arenal de lobos, acaso sabrás en qué playa echaron las olas el cuerpo de un ahogado. A la media noche las llegaron a decírmelo. Batieron en la ventana. No conocí quién era.
Fuso Negro	¿Inda la mar no quiso darte el cuerpo de Venturoso?
La mujer	Dijo la voz que en la playa de Campelos... Allá voy por ver si le reconozco. Las cuatro criaturas despertáronse llorando al oír petar en la ventana... ¡Creían que era el ánima de su padre! Esta mañana, rayando el día, fui a la casa grande por tener un socorro para este camino tan largo. ¡Echáronme los canes!... ¡Malditos sean todos los ricos!
Fuso Negro	Largo camino haces para las criaturas. Si les atares una cuerda, podías descansadamente llevarlas por la mar y tú ir por la tierra.
La mujer	... ¡Y tenían dicho que darían socorro a las viudas y a los huérfanos! ¡El mayorazgo huyóse para no cumplirnos la manda! ¡Cinco lobos dejó alrededor de su silla vacía! ¡Ay, Montenegro, negro de corazón! ¡Por tu imperio se hicieron aquellos pobres a la mar, en una noche tan fiera! ¡Cuando seáis mozos, reclamarle cuentas, mis hijos, que él os dejó sin padre! ¡Mal can le arranque el corazón y lo lleve por este arenal! ¡Mal cuervo le coma los ojos! ¡Malas ortigas le broten en el pecho! ¡Mal avispero le nazca en la lengua!
El caballero	¡Calla, mujer, que tus maldiciones ya se cumplen!

El Caballero se incorpora en el lecho de algas, y la viuda y los cuatro niños tiemblan al reconocerle. En la oscuridad de la cueva apenas se distingue la sombra del viejo linajudo, y su voz tiene una resonancia oscura de caos y tinieblas como si saliese de la oquedad del roquedo.

La mujer

¡Tanta es la dolor de mi alma, que hablo sin sentido!... ¡Por estas cuatro criaturas, no me haga mal, señor Vinculero!

El caballero

¡Fuiste a mi casa y encontraste cerrada la puerta!

La mujer

¡Me echaron los canes!... ¡Pedía un bien de caridad para abrir una cueva!...

Fuso Negro

¡Cinco cirios, cinco rabos, cinco demonios coronados!

El caballero

¡Yo cavaré la cueva para tu marido! Si faltase azada, la cavaré con mis manos... Para la mortaja iré a pedir una limosna en la casa que fue mía, y si hallo la puerta cerrada la derribaré para que entres tú con tus hijos...

Fuso Negro

¡Y el loco también!

El caballero

¡Haré respetar mi voluntad! Los muertos serán sepultos y amparados los vivos. Se cumplirán todas las mandas que ordené. Venid conmigo, y en el umbral de mi casa me veréis pedir una limosna para vosotros. Después, cúmplanse tus maldiciones, y lleven los perros por este arenal mi corazón desesperado.

El Caballero sale de la cueva. La lluvia moja su cabeza blanca y su barba patriarcal que aborrasca el viento, llevándola de uno al otro hombro. La viuda, el loco y los niños le siguen como sombras de su delirio. Van los niños atenazados a la falda de la madre, llorando de miedo. Todos parecen perdidos en la vastedad del páramo.

El caballero	¡Desfallezco de hambre!... ¡No veo!... ¡Apenas puedo andar!... Esos niños que me den un poco de su pan.
La mujer	¡Ya nada les queda, señor!
El caballero	¡Dios haga que no caiga muerto en medio del camino! ¡Vamos!

Escena quinta

La hueste de mendigos descansa al Sol ante el portal de la casona y se tiende por la orilla del camino aldeano. Sobre la veleta del hórreo, el gallo clarinea, en el Sol, dorado y soberbio.

Dominga de Gómez	¡De toda la vida lo recuerdo! Al son de las doce repartíase el pan y las berzas a los pobres que acudíamos a este portal. Era una caridad de fundación. Venía desde los difuntos señores que levantaron la casona.
El manco de Gondar	¡Y esta puerta, que siempre estuvo franca para los desvalidos, ciérrase agora!
El manco leonés	¡No heredaron los hijos la honrada ley de los padres!
La mujer del Morcego	Catailos los amos. Murió la madre, y el padre fuese por el mundo, dejándolo todo. En la ribera del mar lo topamos que iba con la cabeza descubierta a la lluvia.
El Morcego	¡Clamaba por la muerte!
El pobre de San Lázaro	Todo lo dejó para ser pobre como nosotros y tener su silla de oro en el Cielo.

El manco leonés	Los herederos la tendrán de espinas en el Infierno.
Dominga de Gómez	Cierran su puerta a los pobres, que son hijos de Dios Nuestro Señor.
Adega la inocente	El Divino Jesús también anduvo pidiendo por los caminos del mundo con unas alforjinas a cuestas que le bordara la Virgen Madre.
El manco leonés	¿Y adónde se habrá retirado el noble Caballero?
La mujer del Morcego	¡Y quién lo sabe!
Dominga de Gómez	Para hacer penitencia iríase al monte, donde tiene un gran pazo.
El pobre de San Lázaro	Allí guarda cinco mozas, y no iría si está talmente arrepentido.
La mujer del Morcego	¡Escuchad la voz de los hijos en la casona!
Dominga de Gómez	¡Vanse a matar!
El Morcego	¡Pelean haciendo las participaciones!
El pobre de San Lázaro	¡En la gran Jerusalén, hace cientos de años, oyéronse estas mismas voces, que las daban los judíos, repartiéndose la túnica de Nuestro Señor Jesucristo!
Dominga de Gómez	¡Talmente son judíos!

El pobre de San Lázaro	¡Como tales judíos obran, cerrando su puerta a los pobres y echándolos al camino! ¡Las migajas de su mesa se las dan a los canes!
Dominga de Gómez	¡La suerte de un pobre es más triste que la de un can!
El pobre de San Lázaro	¡Porque un pobre sabe resignarse, y un can rabia!

Se abre un postigo en el gran portón de la casona, y uno a uno van saliendo los criados: La Roja, Don Galán, La Recogida. Tras ellos, el postigo vuelve a cerrarse.

La roja	¡Bien mala cosa es la vejez!
Don Galán	¡Un hueso que nadie lo quiere roer, si no es la muerte!
La Recogida	¿Adónde iremos, señora Micaela?
La roja	Tú eres moza, y en cualquier banda hallarás acomodo... ¡Pero yo, triste de mí, con tantos años a cuestas, que voy a cumplir el ciento... ¿Adónde iré, despedida de esta casa, donde gané el pan toda mi vida?... ¡Bien se me alcanza que no podía ya ganarlo!... ¡Y una boca, aun cuando no tenga dientes, es una carga muy grande!... ¡Y lo mucho es poco, cuando se reparte! ¡Y si los reinos se deshacen, qué no será las casas!... ¡Esta casa fue muy grande, mas agora repartida no será nada!... ¡Por eso, si culpo, es a la muerte que tanto me tarda!
La Recogida	Solamente tuvo suerte la señora Andreíña.
Don Galán	Porque tiene tres cabras que se acochan con los lobos.
La roja	Moriré en un camino, al pie de un bardal.

La Recogida	¡Juntas nos atrapó la tormenta, señora Micaela!
Don Galán	Irémonos los tres por luengas tierras pidiendo una limosna. A mí llevaréisme en un carretón.
La roja	¡Pudiera yo como tú trabajar!
Don Galán	Pero no tengo voluntad.
La roja	¡Se me parte el corazón al separarme de estas piedras!... ¡Pierdo a mis amos, piérdolos para siempre, yo que los vi nacer!...
Don Galán	¡Nosotros somos ovejas y ellos son lobos que nos enseñan los dientes!
La roja	¡Son leones y de mucha nobleza!

Don Juan Manuel llega por aquel camino aldeano, de verdes orillas. El loco, la viuda y los huérfanos le acompañan. El Caballero camina entre ellos como un viejo patriarca entre su prole: Dolor, Miseria y Locura.

Don Galán	¡Catay, el amo que torna!
Dominga de Gómez	¡Vuelve a su silla el rey de Castilla!
El manco leonés	¡Vuelven los desvalidos a tener padre!
La roja	¡Con cuánta dolor camina!
La Recogida	¡Nos topábamos como ovejas sin pastor, y cuidad que llega!

Don Galán	¡No es el pastor, sino el mastín! ¡Veredes qué dientes le muestra a los lobos!

El Caballero, con el andar desfallecido, llega a la puerta y pulsa. Apoyado en la jamba, espera. Los mendigos y los criados se agrupan detrás, todos en un gran silencio. El Caballero vuelve a pulsar en la puerta, y acompaña con grandes voces los golpes de su puño cerrado.

El caballero	¡Abrid, hijos de Satanás! ¡Abrid estas puertas que cierra vuestra codicia! ¡Abridlas de par en par, como tenéis abiertas las del Infierno! ¡Abridlas para que entren los que nunca tuvieron casa! ¡Soy yo quien después de habéroslo dado todo, llego a pediros una limosna para ellos! ¡Soy yo, quien pobre y miserable, golpea esta puerta cerrada! ¡Hijos de Satanás, no hagáis que mi cólera la derribe y entre por ella, como quienes, Don Juan Manuel Montenegro! ¡Abrid, hijos de Satanás!

Resuenan en el ancho zaguán los golpes del Caballero. Ante la puerta hostil y cerrada se levanta, como un oleaje, el vocerío de la hueste mendicante y los viejos criados despedidos de la casona.

La voz de todos	¡Abran a su padre! ¡Abran a su padre!
El caballero	¡Derribad la puerta! ¡Mis verdaderos hijos sois vosotros!
La voz de todos	¡Tengan caridad para su padre! ¡Caridad y respeto! ¡Caridad y respeto!
El caballero	¡Eso lo da solo el amor!

Por las mejillas del viejo linajudo ruedan dos lágrimas que se pierden en la nieve de su barba. Los mendigos y los criados se arrojan sobre la puerta.

La voz de todos	¡Tengan ley de Dios!
El caballero	¡Dadme un hacha!
La voz de todos	¡Tengan ley de Dios!
El caballero	¡Poned fuego a la casa por sus cuatro esquinas! ¡Perezcan entre llamas los hijos del Infierno!
La voz de todos	¡No hay ley de Dios! ¡No hay ley de Dios!

De pronto cesa el clamor. Espantados de sus voces, mendigos y criados oyen en un gran silencio descorrer los cerrojos de la puerta: Se abre rechinando, sobre el umbral, como una sombra de malas artes, aparece Andreíña. Al mismo tiempo, asoman con bárbara violencia los cuatro segundones en aquel balcón de piedra que remata con el escudo de armas: Águilas y Lobos! Todos hablan en un son.

Don Mauro	¡Ya tenéis franca la puerta!
Don Rosendo	¡Entrad, si os atrevéis!
Don Mauro	¡El que cruce esos umbrales no vuelve a salir!
Don Gonzalito	¡Atreveos, miserables!
Don Farruquiño	¡Ya no gritáis, mal nacidos!
El caballero	¡Entrad conmigo todos! ¡Mis verdaderos hijos sois vosotros! ¡Ayudadme para que pueda saciar vuestra hambre de pan y vuestra sed de justicia! ¡Ayudadme como hijos! ¡Ayudadme como animales hambrientos, como arcángeles o como demonios! ¡Rabiad, ovejas!

Todos permanecen ante la puerta cobardes, mudos y quietos. El Caballero entra solo, y sus voces bajo la bóveda del zaguán, se alejan y se pierden. Los cuatro mancebos se retiran del balcón, unánimes en el impulso violento y fiero. Andreíña empuja la puerta para cerrarla, y en aquel momento adelántase la figura gigante del pobre lazarado, derriba por tierra a la bruja y penetra en el zaguán clamando, y todos le siguen repitiendo sus voces.

El pobre de San Lázaro¡Es nuestro padre! ¡Es nuestro padre!

La voz de todos   ¡Es nuestro padre!

Escena final

La cocina de la casona. En el hogar arde una gran fogata y las lenguas de la llama ponen reflejos de sangre en los rostros. Los cuatro segundones aparecen sobre el fondo oscuro de una puerta, cuando la cocina es invadida por la hueste clamorosa que sigue al Caballero.

El caballero   ¡Soy un muerto que deja la sepultura para maldeciros!

Don Farruquiño   ¡Padre, tengamos paz!

Don Rosendo   ¡Fuera de aquí toda esa gente!

El caballero   ¡Son mis verdaderos hijos! ¡Para ellos os pedí una limosna y hallé cerrada la puerta!

Don Mauro   ¡Ya la tiene franca!

El caballero   ¡Llego para hacer una gran justicia, porque vosotros no sois mis hijos!... ¡Sois hijos de Satanás!

Don Farruquiño   Entonces somos bien hijos de Don Juan Manuel Montenegro.

El caballero	¡Ay, yo he sido un gran pecador, y mi vida una noche negra de rayos y de truenos!... ¡Por eso a mi vejez me veo tan castigado!... ¡Dios, para humillar mi soberbia, quiso que en aquel vientre de mujer santa engendrase monstruos Satanás!... ¡Siento que mis horas están contadas; pero aún tendré tiempo para hacer una gran justicia. Vuelvo aquí para despojaros, como a ladrones, de los bienes que disfrutáis por mí! ¡Dios me alarga la vida para que pueda arrancarlos de vuestras manos infames y repartirlos entre mis verdaderos hijos! ¡Salid de esta casa, hijos de Satanás!

A las palabras del viejo linajudo, los cuatro segundones responden con una carcajada, y la hueste que le sigue calla suspensa y religiosa. El Caballero adelanta algunos pasos, y los cuatro mancebos le rodean con bárbaro y cruel vocerío, y le cubren de lodo con sus mofas.

Don Mauro	¡Hay que dormirla, Señor Don Juan Manuel!
Don Rosendo	¿Dónde la hemos cogido, padre?
Don Gonzalito	¡Buen sermón para Cuaresma!
Don Farruquiño	¡No mezclemos en estas burlas las cosas sagradas!
Don Rosendo	¿Dónde hay una cama?
Don Mauro	Vosotros, los verdaderos hijos, salid, si no queréis que os so eche los perros. ¡Pronto! ¡Fuera de aquí! ¡A pedir por los caminos! ¡A robar en las cercas! ¡A espiojars al Sol!

El segundón atropella por los mendigos y los estruja contra la puerta con un impulso violento y fiero, que acompañan voces de gigante. La hueste se arrecauda con una queja humilde: Pegada a los quicios inicia la retirada, se dispersa con un murmullo de cobardes oraciones. El Caballero interpone su figura resplandeciente de nobleza: Los ojos llenos de furias y demencias y en el rostro la altivez de un rey y la palidez de un Cristo. Su mano abofetea la faz del segundón. Las llamas del hogar ponen su reflejo sangriento, y el segundón, con un aullido, hunde la maza de su puño sobre la frente del viejo vinculero, que cae con el rostro contra la tierra. La hueste de siervos se yergue con un gemido y con él se abate, mientras los ojos se hacen más sombríos en el grupo pálido de los mancebos. Y de pronto se ve crecer la sombra del leproso, poner sus manos sobre la garganta del segundón, luchar abrazados, y los albos dientes de lobo y la boca llagada, morderse y escupirse. Abrazados caen entre las llamas del hogar. Transfigurado, envuelto en ellas, hermoso como un haz de fuego, se levanta el Pobre de San Lázaro.

El pobre de San Lázaro¡Era nuestro padre!

La voz de todos   ¡Era nuestro padre! ¡Era nuestro padre!...

La voz de los hijos   ¡Malditos estamos! ¡Y metidos en un pleito para veinte años!

Libros a la carta

A la carta es un servicio especializado para

empresas,

librerías,

bibliotecas,

editoriales

y centros de enseñanza;

y permite confeccionar libros que, por su formato y concepción, sirven a los propósitos más específicos de estas instituciones.

Las empresas nos encargan ediciones personalizadas para marketing editorial o para regalos institucionales. Y los interesados solicitan, a título personal, ediciones antiguas, o no disponibles en el mercado; y las acompañan con notas y comentarios críticos.

Las ediciones tienen como apoyo un libro de estilo con todo tipo de referencias sobre los criterios de tratamiento tipográfico aplicados a nuestros libros que puede ser consultado en Linkgua-ediciones.com.

Linkgua edita por encargo diferentes versiones de una misma obra con distintos tratamientos ortotipográficos (actualizaciones de carácter divulgativo de un clásico, o versiones estrictamente fieles a la edición original de referencia).

Este servicio de ediciones a la carta le permitirá, si usted se dedica a la enseñanza, tener una forma de hacer pública su interpretación de un texto y, sobre una versión digitalizada «base», usted podrá introducir interpretaciones del texto fuente. Es un tópico que los profesores denuncien en clase los desmanes de una edición, o vayan comentando errores de interpretación de un texto y esta es una solución útil a esa necesidad del mundo académico.

Asimismo publicamos de manera sistemática, en un mismo catálogo, tesis doctorales y actas de congresos académicos, que son distribuidas a través de nuestra Web.

El servicio de «libros a la carta» funciona de dos formas.

1. Tenemos un fondo de libros digitalizados que usted puede personalizar en tiradas de al menos cinco ejemplares. Estas personalizaciones pueden ser de todo tipo: añadir notas de clase para uso de un grupo de estudiantes, introducir logos corporativos para uso con fines de marketing empresarial, etc. etc.

2. Buscamos libros descatalogados de otras editoriales y los reeditamos en tiradas cortas a petición de un cliente.

www.ingramcontent.com/pod-product-compliance
Lightning Source LLC
Chambersburg PA
CBHW030353180626
46812CB00007B/2869